财经郎眼

深度再现06

我们的诚信与危机

郎咸平　王牧笛　王 今　等著

東 方 出 版 社

图书在版编目（CIP）数据

财经郎眼.6，我们的诚信与危机／郎咸平，王牧笛，王今 著.
—北京：东方出版社，2011
ISBN 978-7-5060-4324-3

Ⅰ.①财… Ⅱ.①郎… ②王… ③王… Ⅲ.①中国经济—研究
Ⅳ.①F12

中国版本图书馆 CIP 数据核字（2011）第 201118 号

财经郎眼 06（CAIJING LANGYAN）

作　　者：郎咸平　王牧笛　王　今　等
责任编辑：姬　利　黄晓玉
出　　版：东方出版社
发　　行：东方出版社　东方音像电子出版社
地　　址：北京市东城区朝阳门内大街 166 号
邮政编码：100706
印　　刷：北京中新伟业印刷有限公司
版　　次：2011 年 10 月第 1 版
印　　次：2011 年 10 月第 1 次印刷
开　　本：880 毫米×1230 毫米　1/32
印　　张：7.75
字　　数：160 千字
书　　号：ISBN 978-7-5060-4324-3
定　　价：27.00 元
发行电话：（010）65257256　65246660（南方）
（010）65136418　65243313（北方）
团购电话：（010）65245857　65230553　65276861

导读

中国的慈善事业再次面临严峻挑战。欧美很多亿万富翁承诺要把自己的过半财产捐献给慈善事业，而中国的富豪更愿意将财产留给自己的后代，现实告诉我们中美慈善观存在很大的差异。有人说中国的企业家很“自私”，其实他们是有苦难言。

2012 年的美国总统大选吹响号角，奥巴马的支持率却屡破新低，究其原因，是因为奥巴马的经济复苏计划、医保改革、金融改革频频受挫，失业率居高不下，这也注定了奥巴马谋求“二进宫”的道路绝非一帆风顺。奥巴马所推行的金融改革频频受挫的原因在于既得利益集团的极力阻挠，因为这次号称美国几代人以来最严厉的金融改革，其目的是为了保护美国中小股民的利益。

面对越来越复杂的金融市场，中国老百姓同样是一头雾水。在美国金融改革如火如荼地进行的时候，我们的金融监管却一如既往地乏力、软弱，是我们不会？当然不是，是我们不愿意那样做。因为我们没有灵魂。

美国火药味十足，英国却迎来了让国人倍感温馨的一刻——威廉王子与未婚妻凯特·米德尔顿在伦敦威斯敏斯特大教堂举行婚礼。在全世界都崇尚低调的时候，英国王室却如此高调亮相，英国人为此欢呼，世界为此沸腾，英国王室为何有如此大的魅力？王室婚礼的背后又暗藏着哪些玄机？

我们将视线转回国内。中国的CPI连创新高，人们对通货膨胀的担忧日益加剧。老百姓普遍关心的一个问题是，到底什么能够对抗通货膨胀？遗憾的是，你所想到的都是错的，你所担忧的却都成了事实。黄金、股票都不靠谱，CPI早已突破了3%这个西方国家的警戒线，竟然有人说，没事，中国老百姓能容忍更高的通货膨胀率。

深圳，曾经是无数人的圆梦之城，任正非、王石、潘石屹等人就是从这里开始了各自的现代企业梦，开创了他们的辉煌时代。如今，深圳却被那些有梦想、有活力的年轻人抛弃，原因其实很简单，就是深圳失去了魂，特区不再“特”。

陷入困境的不仅是我们的国家和城市，还有我们的企业。国内最具影响力之一的家具高端品牌“达芬奇”因造假被推到了风口浪尖。与其说“达芬奇”是在造假，不如说它是一种“创新”。以“达芬奇”为代表的“假洋鬼子”不仅曝出了中国企业的无奈与艰辛，更拷问了“崇洋媚外”的中国富人。

当然，“达芬奇”不是最可恨的，毕竟它为自己做出的事情流下了眼泪，付出了代价。最可恨的是那些明明知道自己做的事情是错的，甚至危害到老百姓的生命，却还如此傲慢的，紫金矿业就是这样一个打着维稳的旗号，行着不义之事的上市企业，与墨西哥湾漏油事件中的BP（英国石油公司）相比，它凭什么“幸福”得让人发指？

当国人还在忧心外资介入粮食产业、外资入股上市公司时，殊不知国产化妆品行业几乎已“全军覆没”。外资来势凶猛，本土化妆品企业节节沦陷，稍具规模的国产化妆品品牌几乎都被外资收购，外资已占据我们90%的化妆品市场。国产品牌如何突围已是一个我们不得不面对的问题。

畸形的社会环境滋生出经济乱象，在云南一家涉黄场所谈项目的四川人大代表语出“雷”人，同时也“hold”住媒体的眼球，他对执行扫黄任务的公安人员说，你们昆明的发展还得靠我们招商引资的商会，你们市领导还得靠我们养，你们来查的话，叫我们怎么谈生意呢？M型社会滋生的“小姐”群体竟然担当了如此“重任”，扫黄原来这么难！

口袋鼓鼓的山西煤老板和温州商人不仅喜欢炒房，还喜欢偶尔追捧一下艺术品，懂不懂不重要，重要的是能不能带来更高的利润。而我们关心的是艺术品投资的钱都是从哪里来的？我们的发现令人痛心，这些钱源自我们的实体经济，已经没有人愿意踏踏实实地做制造业了。

目录

第一部分

国际视野

第一章

中美慈善观比较

由美国首富比尔·盖茨和股神沃伦·巴菲特联合发起的“捐赠承诺”行动，2010 年 9 月来到中国。这一行动自 2010 年 6 月发起，至今已有 40 位亿万富翁承诺把自己的过半财产捐献给慈善事业。其中盖茨夫妇承诺把大多数财富用于夫妇俩创办的慈善基金会，而巴菲特打算只留自己财富的 1%。这一“捐赠承诺”并不具有法律效力，只是一种道德约束，富豪们可以用任意方式进行捐赠。根据发起人盖茨和巴菲特的估计，该行动将有可能筹到 6000 亿美元善款。目前已经响应的 40 位亿万富豪中，仅一位华裔，不知巴菲特的中国之行是否能得到更多回应？

让中国富豪裸捐，不如让他们私奔？

巴菲特这次来中国可能是找错人了。要让中国的企业家把99%的财产捐出去，那是不可能的，那简直是天方夜谭。我们中国没有这个传统。

（嘉宾介绍：李银，资深媒体人）

王牧笛：咱们有日子没聊巴菲特和比尔·盖茨了，咱们不聊他们，不意味着他们不重要，也不意味着他们没新闻。最近，这两位仁兄在美国联合了40个亿万富翁，搞了一个叫“捐献承诺”的大行动，而且，2010年9月份要来中国。中美在很多领域都有过对话，那在慈善领域的对话又是怎样的一种景象呢？

咱们先来看一个短片：

由美国首富比尔·盖茨和股神沃伦·巴菲特联合发起的“捐赠承诺”行动，2010年9月来到中国。这一行动自2010年6月发起，至今已有40位亿万富翁承诺把自己的过半财产捐献给慈善事业。其中盖茨夫妇承诺把大多数财富用于夫妇俩创办的慈善基金会，而巴菲特打算只留自己财富的1%。这一“捐赠承诺”并不具有法律效力，只是一种道德约束，富豪们可以用任意方式进行捐赠。根据发起人盖茨和巴菲特的估计，该行动将有可能筹到6000亿美元善款。目前已经响应的40位亿万富豪中，仅一位华裔，不知巴菲特的中国之行是否能得到更多回应？

王牧笛：有网友说，巴菲特这次来中国可能是找错人了。我看也是，他最多能找到什么人呢？比如说，他喜欢的王传福，或者跟他吃过饭的段永平和赵丹阳，可能这几个人会回应一下。

郎咸平：**他们不会捐99%的。**

李　银：我觉得有一部分香港企业家可能会回应，比如说李嘉诚。

王牧笛：对，李嘉诚现在是要把基金会当做自己的第三个儿子来培养。

郎咸平：**但他捐的这个规模远远不能跟这些人比，这些人捐的都是他们财产的99%。这在我们看来，简直是不可想象的事。**

李　银：你要让中国的企业家把99%的财产捐出去，那是不可能的，那简直是天方夜谭。

王牧笛：而且，他们来了能不能找到这些中国的富豪都是个问题，因为很多都是隐身的。

郎咸平：**这个时候搞不好他就不来了，对不对？**

李　银：我这儿倒有一个办法，让胡润出马，他的富豪榜一出来，按公布的富豪榜挨个找就可以了。我在2004年的时候，就根据那年公布的榜单去采访，真找到不少人，还是挺有用的。

郎咸平：**不过也不要批评富人。叫我们捐99%，我们也不会**

捐的。我们中国没有这个传统。

王牧笛：所以，你看网友开玩笑说，你要让中国的富人去裸捐，还不如直接让他私奔算了。

李　银：情况不一样，中国的富人为什么不能裸捐？ 因为他要生活，他要给他还有家人足够的保障，比如说医疗啊，还有子女在成长中的费用，包括教育这些，都是需要钱的，你让他怎么裸捐？

王牧笛：最近，美国的媒体把比尔·盖茨称作比尔·盖茨2.0。 什么意思呢？ 意思是说，退休之后的比尔·盖茨华丽转身，开始做慈善了，是一个升级版的比尔·盖茨。 但是我们发现一个问题，就是在美国做慈善好像不光是企业家行为，有点像全民行动。 这个要请教教授，美国人怎么那么热衷做慈善呢？

郎咸平：美国企业家也好，政治家也好，譬如说我们谈过的戈尔，他卸任之后也搞了一个基金会，是搞环保的，还拍了个环保的纪录片。但是，我们是把这个所谓的慈善简单地解释成救难救灾了，比如说汶川大地震。

王牧笛：有点项目制的感觉。

郎咸平：我们搞的是项目融资这个概念，可美国不是的。我念个数据给你听，2008 年美国慈善捐款额高达 3076.5 亿美元，占美国国内生产总值的 2.2%，而且，其中 75% 来自个人的捐款。中国呢？慈善捐款占国内生产总值的比例还不到万分之五。所以你可以看出来这个差别非常大，美国是全民慈善，我们只是少数。而且，我觉得我们对整个慈善的理解是完全错误的。

我举个例子，我们看看《中国大百科全书》中对慈善的定义：从同情、怜悯或宗教信仰出发，对贫弱者以金钱或物品相助，或者提供其他一些实际援助的社会事业……带有浓重的宗教和迷信，其目的是为了做好事求善报；慈善者通常把慈善事业看作是一种施舍……它只是对少数人的一种暂时的、消极的救济……它的社会效果存有争议。我不敢相信这是《中国大百科全书》的解释。

李　银：这是什么时候的版本？ 听起来就像是佛家劝人捐香火钱的。

郎咸平：但是，如果用英文翻译的话，你看原文怎么讲的？慈善的意思是对人类的热爱；为增加人类的福利所做的努力。通过救济、援助或者捐赠等等这些手段来达到对人类的热爱或增加人类的福利。而我们《中国大百科全书》的这个解释是把别人的手段当成目的了，慈善的目的是对人类的热爱，是为了增进人类的福利，我们连这个都没有搞清楚。

王牧笛：从英语的词源或者从定义上看，慈善和捐善是有区别的，是两个不同的英文词，而且这两个的区别有点像中国那个古语，“授人以鱼，不如授人以渔”。 在西方，可能大家认为，给人一条鱼让他过日子，还不如教会他一种捕鱼的技术。 所以它有了基金会，有了一种源源不断生钱的方式。

郎咸平：对，不过我想透过这个机会和各位朋友谈一个新概念，就是说美国为什么全民慈善，而且是有钱出钱、有力出力？在我们看来，这是个非常奇怪的事情。普通老百姓慈善捐款、做义工比例非常高。75% 的美国老百姓都捐款，30% 是直接从工资里面扣掉的。而且，美国的义工数量达到总人口的 57%，你总不能说这57%都是有钱人吧，而且平均每周工作4个小时，折算下来，他们所创造的价值和每年的慈善捐款一样多，这太可怕了。他们的动力哪里来的呢？据我们判断，是基督教精神。当然，我们谈基督教，只是就事论事，我只是非常中立地、实事求是地谈谈。我们认为这是美国宗教所推动的一种力量。我举个例子，美国90%的人自称相信上帝，美国国歌里有“上帝保佑美国”之类的词，对不对？总统就职的时候，要按着《圣经》发誓。甚至大家到法院去做证人的时候，也要先向《圣经》发誓。所有总统的演说的结尾都是“God Bless America”，就是“上帝保佑美国”的意思，而美元上面也印着“in God we trust”，就是“我们信任上帝”。国会两个院——众议院、参议院的会议都是以牧师的祈祷开始的。哈佛、耶鲁这些名校也都是由教会创办的。所以，我们发现美国基督教是无所不在的。可是我觉得非常有意思的是什么呢？我们实事求是谈问题，就是我们中国企业家常常说的，中国企业家有原罪。

王牧笛：所谓的第一桶金。

郎咸平：可是美国的富人也有天生的罪恶，也有原罪的问题，但是这个原罪，是基督教给他定义的原罪。整个基督教文化对财主是仇视的，因此，慢慢演变出一种什么样的思维呢？我们也查了资料，就是钢铁大王卡耐基1889年在一个叫做《财富的福音》的书里面说的，他说“在巨富中死去是一种耻辱”。但是，我们想的和他完全不一样。还有石油大王洛克菲勒也说“唯有奉献社会才能去除心中的自私，使得人类灵魂的伟大之处得到解放”。你要晓得，这些其实都是《圣经》里面一些话的翻版，你可以想象到《圣经》对他们影响有多大。

李　银：归根结底，《圣经》里有一句话叫“施比受有福”。这是大家都知道的一句话。它的意思是说，施舍给别人才能带给自己福气。但换句话来说，中国有佛教，也有很多信教的人，他们说“好善乐施”，也在做善事，可他们的模式是什么呢？是捐香火钱给寺庙、塑金身，还有捐香火、放生。

王牧笛：对，所以在中国有一个奇怪的现象，很多寺庙都是富可敌国。而且这些捐给寺庙的钱是可以免税的，这就是在不同的宗教传统的影响下，不同的民族，或者不同的国家对财富观的不同的理解。构成美国当下精神的一个核心，叫新教伦理与资本主义精神。这个所谓新教伦理其实是 18 世纪中叶，美国一个著名的布道家约翰·卫斯理对清教徒精神的一个概述，它的意思是说，我们要拼命地挣钱、拼命地省钱、拼命地捐钱。

李　银：他们认为这是美德。

我们的企业家为什么“自私”

日本人如果有事情的话，他们就会找公司，因为它有公司文化、社团文化。美国人有事情会找国家。但中国人要是出了什么事儿，只会找家庭，这种小单位的意识其实跟我们中国传统的小农经济是有关系的。

郎咸平：你刚刚讲的这个清教徒很有意思的。比如说，有个英文叫做 WASP，翻译成中文就是白种盎格鲁－撒克逊清教徒的后裔，就是 17 世纪坐“五月花”到美国去的那些清教徒。这些清教徒干的就是你说的这种事。这些清教徒的后裔都以他们的祖先，也就是当年坐“五月花”来到美国的那些人为荣。在英国殖民地时代，美国没有任何的社会救助，也不能抽税，因为它还没有宪法，所以美国人的社区怎么办呢？他们就互相帮助。这种所谓的社区文化，就是会赚钱的人拿自己的钱来帮助自己的朋友。

王牧笛：只能是爱邻如己。

李　银：我觉得这也是有历史因素的。你看日本，日本人如果有事情的话，他们就会找公司，因为它有公司文化、社团文化。美国人有事情会找国家。但中国人要是出了什么事儿，只会找家庭，这种小单位的意识其实跟我们中国传统的小农经济是有关系的。

郎咸平：对，没错，这就是因为文化跟历史的传统不同。所以你看，比如说美国最早的慈善家，也是有名的宪法起草者之一——本杰明·富兰克林，他就通过大量捐款来改善自己的社区，有钱出钱、有力出力，同时为社区做义工、提供服务。正是因为这种文化被传承下来，所以我们看到，现在美国57%的老百姓做过义工，每周4个小时的义务劳动，他们所创造的价值跟他们每年的捐款是一样多的，这多可怕。

李　银：这是慈善的一种。

郎咸平：对，这就是整个美国文化的传承。

王牧笛：而且这种传统之下，他们对财富的理解也很有意思，比如说企业家特别是一些知名的企业家，他们认为他们不是财富的拥有者，上帝才是拥有者，他们只是代上帝来管这些财富，一旦他们管不了或者说退休了之后，就会把这些财富拿出来，让更加有能力的人来管它。

郎咸平：巴菲特如果到中国来的话，他会发现他跟我们中国人是无法沟通的。这不是对与错的问题，而是两种完全不一样的文化。中国自古是个苦难的国家，我们跟欧洲，还有美国是不一样的，它们的自然灾难是很少的。透过这个，你可以理解我们中国的老百姓有一种极度的不安全感，因此他必须积累大量的财富。

李　银：不单是老百姓。

郎咸平：企业家也有不安全感，他有原罪的问题，还有外在压力的问题，所以说大家都比较自私，这个是可以理解的，因为基本上我们是以家庭为单位的，一旦碰到灾难，怎么办呢？你不可能是一个国家一起跑，一个村一起跑，肯定是只能带着老婆、孩子一家人一起跑，所以说家族非常重要。正是因为家族在困难的时候是捆绑在一起的，所以他的钱财是要留给家人的，因为他要照顾他的家人，这完全可以理解。

王牧笛：要在有限的时间内尽可能多地传承下去。

郎咸平：对。因为在碰到灾难的时候，家族几乎负担着我们整个社会所有的功能。比如说你失业了，那谁养你呢？当然是你的爸爸、妈妈，也就是你的家族在养你。因此这种对家族的回馈是非常重要的，你只有对家族回馈，使家族壮大起来，家族里的每一个人才能得到保障。所以我们跟美国是完全不一样的，不能用美国的故事来评判自己，这是不对的。但是你要晓得，我们中国这种以小农经济、以家庭为主的系统在维持社会治安方面起了多么大的作用？它对社会的稳定有非常大的贡献。家庭这种互相帮助的做法解决了多少关于失业的困难啊，但是如果在美国的话，家庭能这样帮助你吗？我告诉你，在美国如果你这个人失业了，你就要靠国家来救助你。

李　银：救助金。

郎咸平：在中国是父母来救助你，兄弟姐妹救助你，这一点美国人就做不到了。

李　银：就是减轻国家负担吧。

郎咸平：对，减轻国家负担。我们虽然不捐钱，但是到最后你发现这个系统还挺好，帮国家省了不少钱，对不对？

王牧笛：因为家本身构成了社会结构中的一个层次，这个层次可以分担很多结构性的压力。所以为什么说这次巴菲特来华，他们的慈善观到我们这里会水土不服呢，就是因为完全不同的语言体系，对慈善、财富的理解完全不同。所以我们看美国这些知名的企业家在谈到自己的财富密码或者创业史的时候，都忘不了他们那个新教的因素。比如说咱们以前聊过那个 J. P. 摩根，他总结了自己的财富密码，他说他的成功得益于从小妈妈告诉他的三句话：第一句，凡事感恩；第二句，有了钱捐出去；第三句是每周日早点去教会，坐第一排。你看，他们的财富密码都跟宗教相关。但是我们还发现，美国这种全民践行的慈善观，除了有宗教因素，或者刚才教授讲的历史文化传统之外，还有一个因素，就是它整个制度环境，比如说他们的遗产税居高不下，而如果他们捐献给了这种公益事业，捐献的那一部分可以抵税，这也是一个有效的激励机制。

李　银：这是一个诱因。

郎咸平：**而且更重要的是你捐了钱之后，比如说捐给这个基金会做这件事，我可以清楚地、透明地知道这个钱就会做这件事。**

李　银：对，它做成什么样儿都会公布出来。

郎咸平：**而且他们是一个非常专业化的管理团队，它做的事会比你自己做效率高得多，成本低得多，因此你愿意透过它做你想做的事。**

李　银：这是因为西方有基金托管这种模式，它其实是企业化运作，有专业的人去运营这个团队。但反过来说，如果巴菲特跟比尔·盖茨能把这种管理模式带到中国来，这对我们倒是一个很好的启发。

郎咸平：可是管理模式不是说你个人管理，而是一个国家首先要有良好的监管制度，之后呢，你可以在基金管理方面找到一个具有信托责任的基金管理人。

李　银：有人跟我们建议，说让巴菲特跟比尔·盖茨过来，先去寺庙找一个大师，让他出头来募捐，效果绝对会好一点。

郎咸平：我们这个寺庙会更有意思，如果看到巴菲特的话，他们会做什么？他们会问，我们如何上市？我们少林寺前阵子不是在忙着上市吗？我实在搞不明白，你说你少林寺拿了这么多的钱，你有没有像巴菲特一样成立某某基金会，公正、透明地让你的信徒知道你做了什么事？你有吗？更可怕的是什么？我发现你除了到处演练你的武术之外，就是把少林寺当成一个敛财的工具。在干嘛呢？上市！少林寺都能上市？滑天下之大稽了！你看美国的教会会不会上市？怎么可能呢？

王牧笛：有媒体评论说，你这到底是"拈花微笑"还是"末日法门"？

郎咸平：就是。

王牧笛：而你看现在这帮企业家，就是这40个亿万富翁，他们在做的一件事，媒体叫它"日落条款"。什么是"日落条款"？就是必须给定一个最后的期限，就是你每个富豪要说我在什么期限之前把我这个身家，是一半地捐还是90%地捐，你要给出一个比例。这就有一个很强的执行力。

李　银：我个人会觉得它不太像慈善了，因为慈善是一个自愿的行为，是自愿捐赠的。 如果用条文规定或者是强制他执行的话，味道就有点变了。

郎咸平：比如说我们汶川地震的时候，你看看，有钱人也好，公司也好，影视明星也好，我们的网友逼着他们捐钱，他们捐了多少钱都要披露出来。当然很多人是假捐，还闹了一大堆事件，比如章子怡事件。

王牧笛：章子怡事件之后，很多明星噤若寒蝉，特别害怕，捐完钱以后马上要把收据晒到网上，唯恐网友说他是诈捐。

李　银：这是慈善吗？ 这是一个个人形象的营销。

郎咸平：这是一个社会给的压力，逼得你不得不捐钱。

王牧笛：如果所有人的捐款行为都成了“被捐”，这就成了一场秀，想想看，这个秀太可怕了。

郎咸平：我们和美国不一样，中国是一个以小农经济、以家族为主的国家，中国人要保护家族，他要把这个钱留给自己的子女，这个在我看来也是非常正常的。

李　银：可以理解。

郎咸平：你要让小农经济的人拿出钱去帮助别人，我相信他会的。为什么？比如说我们看《乔家大院》的时候，我发现一碰到有天灾人祸的时候，这个乔家就施粥，对不对？我相信碰到老百姓有困难的时候，基本上大家都会这么做的，比如说汶川地震，我们老百姓不是表现得很好吗？

慈善，应该姓“民”还是“官”

慈善这个东西，政府不应该过度干涉。但是，政府的监管是不可少的。因为只有政府有这种公权力，可以叫你公开所有的捐助，所有的投资，让大家可以更清楚地看到你。

王牧笛：但是现在另一个问题来了，就是关于政府介入。现在很多人在争论说，美国是这些企业家在做慈善，而中国可能很多是政府在做，比如刚才说的项目制，也就是政府介入，那么慈善这个东西，到底应该是姓“民”还是姓“官”呢？

郎咸平：政府不应该过度干涉。就是说你把钱捐了，政府不能拿这些钱想干嘛就干嘛。比如说我这个捐款是给汶川的，你政府说，汶川的问题解决了，我拿你这个捐款去干别的事，这是不可以的。但是，我们要晓得，政府的监管是不可少的。我请问你，在美国如果说一个基金诈骗怎么办？谁来处理问题？当然是政府。基金为什么不敢诈骗？因为政府的严刑峻法让你不敢。这就是政府介入。还有很多基金排名的问题，或者是透明的问题，是谁规定？是政府，政府规定你所有账目必须完全公开透明。只有政府有这种公权力，可以叫你做这个事儿。由于你公开了你所有的捐助，所有的投资，所以别人才可以更清楚地看到你，才可以对基金做排名。排前面的呢，大家捐给你的钱会越来越多，因为大家相信你。

李　银：公信力。

郎咸平：但是我请问你，为什么你会排前面呢？因为你公布了所有讯息。你为什么公布所有讯息呢？因为政府要你公布。

王牧笛：但我们这边可以选择的就很少。

郎咸平：政府是非常重要的，但我们是统筹办理，全捐给政府之后，它干什么你不知道，它是不透明的。所以网上就有一大堆的谣言，比如汶川地震，我们全国老百姓捐了 600 亿，除以受灾人口的话，每个人能够分到 17600 块。很多老百姓在网上说，你这个既不公开又不透明，你怎么花的我们都不知道，还不如直接把钱给老百姓算了，一个人拿 17600 块，不是很高兴吗？问题是什么？如果把钱给了老百姓，我请问你，当地的道路怎么办？学校怎么办？医院怎么办？这些都需要统筹安排、规划，这是政府应该做的事。但问题是，你政府拿这个钱，每个人平均 17600 块，盖了医院、建了学校、修了路，还有疾病防治，你都完完全全、清清楚楚地像美国一样公开透明地公布出来的话，老百姓不会有意见的。问题就是你没有公布过，汶川地震的捐款你怎么用的直到现在还是说不清道不明。这就是为什么一大堆谣言会出来，说某个地方，比如说汶川映秀镇的领导在地震后换了七八辆豪华车，有三十多万的斯巴鲁，还有价值上百万的丰田陆地巡洋舰，其实都是谣言。

王牧笛：这是广东的对口单位捐过去的。

郎咸平：对，可是为什么会有这些谣言呢？

李　银：因为你不透明。

郎咸平：就是因为捐款你没有透明，老百姓不知道怎么用的，那这个谣言肯定就会出来。

王牧笛：很多人就是因为这种不透明，不知道自己捐的款去哪里了，所以伤心了，而不去捐款了。

郎咸平：就是，你看汶川地震的时候捐了很多，但是之后呢，就很少了。

李　银：7 月 29 号，审计署有个报告说玉树地震的救援中，民政部指定的 15 家慈善机构就有 10 家没有按照规定把相关的善款汇缴。然后 7 月 30 号的时候，国家五部委发布了一个文件叫《青海玉树地震抗震救灾捐赠资金管理使用实施办法》，它规定善款要拨到一个专用账户里面，由国家统筹分配。

郎咸平：你看，15 家里面就有 10 家不按要求做。

李　银：他们的理由就是慈善是有底线的，底线就是必须要有一个自愿的原则，由他们去使用这个善款。

王牧笛：而且在我们的现实情况中，慈善是一个幌子。一个行业或者一个基金以慈善的名义，可以做很多事情，有的时候可以逃脱监管。所以说在某种程度上，慈善真正地进入一个企业化的经营，反而是中国需要的。

李　银：2004 年的时候，我的几个媒体朋友想一块儿去捐助贵州省织金县后寨中学的一些失学儿童。然后就有人问我说，这个消息你怎么来的，你确认吗？钱捐过去之后能不能到账？谁去监管这个事儿？ 后来，还真的是有媒体朋友自己去跑，去疏通这个关系，找到了那些孩子，面对面地跟孩子和老师交流，最后完成了这个捐赠。

王牧笛：你刚才说的是个人行为。 如果说我们企业想像美国企业那样，通过慈善获得减免税收，在中国也仅能通过几个政府批准的基金会来捐，才可能有减免税收的政策。

郎咸平：但是它怎么做，我们又不知道，我们不是像美国这么透明的。

李 银：你怎么去监管它？

郎咸平：又没怎么监管它，因此会使得我们很多中国人想捐的时候捐不了，因为缺乏一个可靠、有效、透明、公开的渠道，就像你刚才讲的，捐个钱要花很多精力、时间，拿去干点儿别的事情不好吗？

王牧笛：所以这种慈善马上就回复到了传统，叫个人慈善。比如说经常来咱们节目的时寒冰就自己一个人跑到西部捐水窖去了，或者自己聚一拨人来做事情。

郎咸平：我也是这么干的。第一，政府不了解慈善的用意，没有严格的监管，也没有一个良好的渠道能够让我们捐钱；第二，没有一个透明的制度让我们知道钱去了哪里，最后的结果是什么。

李 银：9 月份的时候，有一家做男装的民营企业，30 周年了，老板差不多 80 岁，他们打算捐 3000 万，然后问我们说，我们捐钱了，过来采访吗？

郎咸平：他还找人找到我说，能不能帮他写一篇文章庆祝一下。

李　银：这就是他们的目的。

郎咸平：慈善的目的是这个！

李　银：他就是为了这个。

郎咸平：我秘书回复非常快，说郎教授不替企业写文章的。

王牧笛：咱们说雷锋是做好事不留名，咱们现在是做慈善一定要留名，一定要让别人知道，这是一场秀。

李　银：不单是做慈善，很多企业就是自诩它做 CSR，也就是企业社会责任，做得非常好，动不动就要去上排行榜，动不动就会问你们这个排行榜收多少钱。

郎咸平：对，你知道为什么会有排行榜吗？

李　银：就借这个来做生意。

郎咸平：就是因为我们缺这个，所以才有排行榜。

李　银：但您知道吗，2004 年的胡润富豪榜里面只有四位上了 2006 年的慈善榜。

王牧笛：对，那个富豪榜的前十位跟慈善榜的前十位完全不重合的，是分别不同的人。

李　银：中国慈善捐款总数的 75% 是国外的，然后 10% 是民间的，15% 是来自富人阶层。 如果平均下来的话，中国人均慈善捐款的数额是美国人均的五千五百分之一。

郎咸平：还有更有意思的，1999 年以来全国红十字系统共筹集了 15 亿元的款物，对 5000 多万灾区群众进行了救助，这样算下来，我们发现每一个人接受的救助是 30 块钱。还有连续 7 年展开的“红十字博爱送万家”活动，共投入 2.5 亿多人民币，在元旦、春节期间为 94 万多户，大概 524 万人送去了关爱和温暖，我们算了一下，平均每一个人在春节期间接受的救助是 47 块钱。你说这种捐助有什么用？我们这个捐助不但无效，而且走入了歧途。最有名的慈善家——钢铁大王卡耐基说过，你不能够把这些捐款零零碎碎地分给老百姓，分完就没有了，你必须统筹使用。但是对于统筹使用基金的管理办法、政府的监管、透明度，还有捐款的渠道，在我们中国都是缺失的。

李　银：但是我觉得有一个进步，就比如说，我不是说我们自己的单位好，而是说一些比较好的媒体机构，他们看到那些贫困的情况会自发地组织一些企业真正做一些事情，这是一个进步。 但是如果说依靠某个企业的单个行为去做的话，它的力量就不足够大。而我们说的慈善并不仅仅是捐款而已，巴菲特也好，比尔·盖茨也好，他们除了捐款之外还做了很多实际的运作，这一点是我们要看到的。

郎咸平：那是一个非常高的境界，我们现在根本就不存在这个。

李　银：中国的企业家还仅仅是在捐款这个最低的阶段，他们还不知道慈善是要有阶段性、有规划去做的，所以我们需要比尔·盖茨或巴菲特能够给他们这样一个引导。

王牧笛：所以说现在中国要从传统慈善走向现代慈善，从个人慈善走向组织慈善，尤其是现代慈善。中国慈善产业的透明化、标准化、规范化的问题是现在最大的一个软肋。

李　银：像我周围的一些朋友，包括在企业里工作的，他们其实不算高层，大概是中层经理级别的，他们在自发地做义工，也参与一些志愿者的活动，这是我看到的一个进步。

王牧笛：所以今天我们等于从两个维度来谈慈善这个关键词，一个是从历史文化传统，另一个是从制度建设或者渠道建设，从这两个层面看下来你会发现，中国的富人阶层要在慈善领域大有作为的话，就需要一个系统。

郎咸平：包括刚才你聊的义工，在美国做义工的话，比如说学生做义工，按照他做义工的时间长短，可以相对地减免他的学费。而且在他申请大学的时候，做义工还是一个有利的指标，大学更愿意收这样的学生，因为你对社会有贡献。当然我们这里都没有了，你做义工做多了以后就可能会成绩不好，你就考不上大学。

第二章

奥巴马的2012

2012 年的美国总统大选提前吹响号角，现任美国总统奥巴马 4 月 4 日正式宣布参加选举。与此同时，美国媒体炒得沸沸扬扬，说前任驻华大使洪博培在这个节骨眼儿递出辞呈，回归华盛顿，就是给老板奥巴马下战书。最新的民调显示，美国民众对奥巴马的支持率已经跌至42%，为上任以来的最低点。在过去两年里，奥巴马大刀阔斧地开展经济复苏计划、医保改革，并整顿美国金融市场，但频频受挫。两位数的失业率更让他倍受打击。低迷的民调支持，仍旧困难的经济，奥巴马谋求“二进宫”的道路绝非一帆风顺。

奥巴马的支持率为什么这么低

奥巴马在一个微妙的时间宣布参加竞选。与此同时，前任驻华大使洪博培递出辞呈，回归华盛顿，给老板奥巴马下战书。奥巴马的支持率由初入白宫的78%跌到现在的百分之四十几。洪博培有胜算吗?

（嘉宾介绍：胡慎之，心理学家）

王牧笛：郎教授，奥巴马宣布要竞选了。他宣布参加选举的这个时间很微妙，是4月4号，当天公布的失业率是8.8%，是两年来最低的一个数据。而且4月3号开始，美国也不再对利比亚实施空袭了，所以说，这个时间点很微妙。我们今天聊奥巴马，请来一位新朋友——心理学家胡慎之老师。因为奥巴马的面相有很多，经济学可能是一种面相，心理学同样构成我们对这个人的观照，所以我们今天聊聊奥巴马这个人和奥巴马的2012。

咱们先来看一个短片：

2012年的美国总统大选提前吹响号角，现任美国总统奥巴马4月4日正式宣布参加选举。与此同时，美国媒体炒得沸沸扬扬，说前任驻华大使洪博培在这个节骨眼儿递出辞呈，回归华盛顿，就是给老板奥巴马下战书。最新的民调显示，美国民众对奥巴马的支持率已经跌至42%，为上任以来的最低点。在过去两年里，奥巴马大刀阔斧地开展经济复苏计划、医保改革，并整顿美国金融市场，但频频受挫。两位数的失业率更让他倍受打击。低迷的民调支持，仍旧困难的经济，奥巴马谋求“二进宫”的道路绝非一帆风顺。

王牧笛：奥巴马竞选有坏消息，初入白宫的时候满意度曾经达到78%，结果到现在已经跌到百分之四十多，支持率严重下滑，而且他还输掉了中期的选举、众议院的选举。

郎咸平：不过美国总统输掉中期选举是很多的，他不是例外，大部分都是这个样子的。

王牧笛：包括当年的克林顿、里根都曾经输过。当然也有好消息，现在很多评论说奥巴马没有遇到势均力敌的对手，不过这个对手这几天出炉了，洪博培，前任驻华大使，现在已经提前辞职，回到美国准备竞选。

郎咸平：这两天还在我们广州东混西混，是吧？

王牧笛：对，煽煽风，造造势，一大批记者蜂拥而至。

郎咸平：我们的民族是个感觉非常好的民族，因为我们媒体似乎总是评论说驻华大使这个职位有多么多么特殊，比如说老布什就在1974年到1975年间干过美国驻中国联络处的主任，大概就等于现在的大使。而且这个职位很有意思，不需要美国国会批准的，老布什干了一年的时间，但是他13年之后当上了美国总统，我们的媒体就很喜欢把这两者联系在一起，好像在中国当过主任，跟他后来当总统是有某种必然的联系。这太搞笑了。还有陆克文，他也是在中国担任过外交官，可那是80年代

的事情，他还当过驻瑞典的外交官呢，为什么不讲瑞典呢？

王牧笛：这算是个心理问题，咱也请教请教慎之。我们有个心理，这个心理就是说在华共过事的、谋过职的，似乎应该对中国人友好一点。

胡慎之：这个我觉得不是一个心理问题，而是我们对一些事物的认识问题，我们现在都有的一个刻板印象。

郎咸平：而且是认识不清的问题。

胡慎之：对，我们中国人有的时候真的是这样子。我们所说的这个刻板印象，其实也是一种光晕效应，就像刚才说的，这些驻华大使，我们自然而然地就认为他们对中国人应该是很友好的，他回去之后所建议的政策会偏向于我们中国。其实不是这样的。

郎咸平：而且我们媒体还报道说，这个人精通中文，可见他对我们中华文化是极其仰慕的。

胡慎之：想当然。

郎咸平：想当然是这个样子的。你看这个骆家辉是下一任的大使，我们又在说他是出身于我们广东之类的话，可是骆家辉讲过一番话，他说，我非常高兴回到我的祖父、我的父亲跟我的母亲的出生地，但是我仍然会非常热忱地为我的祖国——美国而奋斗。这个话讲得很清楚。

胡慎之：中国人在中国的文化里其实是很自恋的，我们会把很多名人，比如说其中一位诺贝尔奖得主，总强调说他是个华人，好像是我们中国人多么厉害。其实他只是祖籍在华，但是他跟华根本就没有任何关系的。

郎咸平：所以当这个担任驻华大使的洪博培要回去竞选的时候，我们又开始有个错觉了。

王牧笛：我们还想当然认为他的驻华大使的经历可以为他的竞选加分不少。

胡慎之：而且，洪博培还不光驻华呢，他还收养了我们扬州的一个小女孩儿，还有印度的一个孩子。其实他信奉摩门教，摩门教算是基督信仰中复原主义的一支，他是比较喜欢孩子的。

郎咸平：就是因为他是摩门教的，因此他当选的机会就更渺茫。因为它不是美国的主流，美国主流就是正统的基督教，它不是，只是一个旁支，所以他就非常困难。而且你说奥巴马民众支持率是百分之四十几，确实很低。但是别人呢？别人都是个位数，你晓不晓得？

王牧笛：没有碰到势均力敌的对手。

胡慎之：其实洪博培这个人也很有趣，我查看了他的一些资料，他老爸好像是美国一个最大的化学公司的老板，但是他不愿意去干那个化学公司，他就去干了自己喜欢干的事情。

王牧笛：这也是不子承父业的。

胡慎之：对。然后他曾经像我们古代的“竹林七贤”一样，放浪形骸。他还喜欢音乐，有点类似于那种嬉皮士的，当然奥巴马也有过这种经历。

王牧笛：而且他在当驻中国大使的时候，还喜欢骑着自行车进外交部，门口哨兵不认识他，就不让他进入外交部办事情。

胡慎之：是。

王牧笛：而且这个人现在虽然可能没有实力跟奥巴马抗衡，但是这个人谋划已久，他在北京工作，老家是犹他那边的，但是却选择在华盛顿买豪宅，为他自己提前做了铺垫。

郎咸平：你觉得奇怪吗？我们很多人都在北京买房子，他们在华盛顿买也可以的。

王牧笛：也是在首都买。

郎咸平：对，他是政客，是肯定要这么做的。

胡慎之：但是这个政客很有趣，政客代表了美国的一部分人，是那些更高利益层次的一部分人，因为他是一个有钱人，他的家族很有钱。 不像奥巴马，奥巴马其实只是中产阶级出身。

郎咸平：共和党出身的人基本上都是这样子。

胡慎之：对，其实洪博培跟奥巴马两个人的年纪只相差一岁，但是如果把他们两个人放在一起比较的话，他们两个人去竞选总统，从性格上来讲，我认为奥巴马的胜数会大一些。

郎咸平：不是，因为他是现任总统。现任总统本身的胜算就比较大。而且我们看这两个人讲话，你会发现这个奥巴马是很有魅力的，洪博培在这点是不如他的。

胡慎之：是，奥巴马非常有激情，而且在某种程度上，他符合了美国民众所需要的一种感性的东西。 你看奥巴马宣传的东西，他的家庭，包括他的书叫《我父亲的梦想》，这些其实都符合美国民众的那种向上的积极的精神。而且他的口号就是“Yes, I can”，用我们的话说，奥巴马是一个有个人魅力的人，但洪博培没有。

王牧笛：而且洪博培一直比较低调，马上要选举了，他才开始比较高调。

胡慎之：之前问他要不要竞选总统，他还说不会。

郎咸平：这种讲话，我们是不能信的。

胡慎之：是的，不能信。所以他给人的感觉，就是他并不是一个非常诚实的人。为什么奥巴马现在的支持率会降低呢？就是因为他给出了一个很高的目标，但到现在看来，好像没怎么实现。

奥巴马的心结之一：医改

我们要晓得在美国历史上有多少个总统想搞医改，包括伟大的克林顿总统，但是只有奥巴马成功了，这个成就很不一般。但是今天他的民调支持率为什么这么低，同样也是因为医保出了问题。他曾经还很明确地表示说，为了医改，他甚至只愿意做一任总统。

王牧笛：所以我们暂时不把洪博培当作他的对手，奥巴马最大的对手是他自己。我们《财经郎眼》聊过几次奥巴马，其中他最大的一次豪赌就是关于这个医改。

郎咸平：你要晓得在美国历史上有多少个总统想搞医改，包括那个伟大的克林顿总统，但是只有奥巴马成功了，这个成就很不一般。但是今天他的民调支持率为什么这么低，只有百分之四十几？也同样是因为医保出了问题，美国 28 个州分别控告他违宪。这个是他目前危机的来源。可问题是你当初为什么能通过这个法案？因为老百姓需要医疗保险。那今天民众为什么会反对呢？因为民众需要的不是你奥巴马提出的医改，而是另外一个版本的医保，这是一切问题的重点。

王牧笛：所以很奇怪，今年一月份的时候，美国国会的众议院经过了好几个小时的辩论，推翻了之前的医疗保险法案。

郎咸平：这不一样的。你要晓得，众议院是两年选一次，参议院是六年选一次，知道为什么吗？这是一个非常聪明、伟大的制度。因为两年选一次，就代表说众议院这些议员的大部分时间都在竞选，因为两年很快，你位置还没坐稳，甚至刚坐了半年，就要赶快回去竞选了。为什么这样？因为要让这些议员随时随地代表最新的选民的动向，两年选一次的话，你就必须在两年之内与民众非常非常接近，因为你要拉选票嘛，所以你可以把最新的民间的意见反映出来，这就是为什么这次众议院会推翻这个法案，因为这两年里老百姓对这个法案是不满的。但是为什么参议院要六年选一次呢？可能是他们认为老百姓喜欢冲动，比较容易激动。

胡慎之：他需要慢慢来。

郎咸平：给你六年的时间让你淡化这种激动，所以说参议院还是支持了奥巴马。虽然众议院推翻了这个议案，但是参议院就是不推翻。为什么？因为要做一个平衡，这就是美国的国会制度，这是一个特殊的设计，是非常好的。众议院改选是两年，所以众议院反映的就是当时的民意。而参议院是六年，它就是要冷却民意的。最后的结果应该是一个比较成熟的民意。所以这个议案鹿死谁手，是什么结果，目前是很难说的。

胡慎之：现在只是刚刚开始的一个民调而已，至于过了半年以后或者过了几个月以后会是什么样一个状态，我们都还不清楚。

郎咸平：因为说不定再过一阵子又要选举了，众议院又选上一批人。所以他只要做足宣传，他就不会有问题。

王牧笛：据我们的观察现在似乎兴起了一股所谓的颠覆奥巴马之风，这个很可怕。

郎咸平：不是，其实他进行医改这个本身是非常聪明的，我觉得这是整个奥巴马团队最聪明的一点，为什么这么讲？要晓得美国的医疗是非常贵的，美国的医疗费用占到 GDP 的 16%，是全世界最高的。而且有 15% 的美国人，大概是 3200 万人是没有医疗保险的，这对于发达国家而言绝对是不可想象的，因此奥巴马要解决这个问题。为什么美国的医疗保险这么贵？就一个原因，其实也就是一个灵魂，他找到了，是什么呢？就是药厂跟这个保险公司是挂钩的，就这么简单。因为在美国医生要开药方的话，保险公司会给医院一个清单，你们医生只能开这几种药，不能多开。因为药厂是跟保险公司挂钩的，所以药厂一生产什么新的产品出来，比如说新的设备，它就会要求保险公司把这个新的设备放进那个清单里面去，然后医生就能开了。比如说核磁共振，其实有这么麻烦吗？那个 X 光不是一样吗？20 块美金一次 X 光，你需要搞一个几千美金的核磁共振吗？有必要，为什么？因为药厂发明了这个新的设备，就透过保险公司把这个加入医院的那个清单里面去，然后医生就可以开了。所以医院和保险公司挂钩的结果就是让医疗费用越来越贵，这就形成了一个恶性循环。懂我的意思吧？到最后贵怎么办呢？增加保费，保费增加的结果是什么呢？

胡慎之：当然是有人开始买不起保险了。

郎咸平：所以在美国有 3200 万人是没有保险的，就这么简单。那奥巴马干了什么事呢？他干了一件非常伟大的事，他找了另外一个利益集团对付药厂，就是让 5% 的美国的富人来帮助那些没有医疗保险的最穷的 11% 的美国人。怎么帮呢？这个 5% 的富人，其中包括家庭年收入 25 万美元以上的，大概有 400 万，还有个人年收入 20 万美元以上的，大概有 100 万，就是由这些人来付。可是你知道这5%的富人都是什么样的人吗？都是有钱人，在社会上都是有影响力的人，他们心里会不爽，不爽怎么办呢？他们就去监督这个药厂，说你不要把那个贵的药给我放到名单里面去。只要他能够监督药厂，就等于把这个关系“咔”地给斩断了。奥巴马就是透过“剥削”这些有钱人，让他们想办法去制裁药厂，让药厂跟这个保险公司切割开，这样问题就解决了，对不对？好，可是问题出在哪里，你知道吗？这整个概念是对的，但是里面有一点，就是说既然搞保险就一定是大数法则。你不能说就咱们三个参与了保险，你生病的话，我们一个月交给你100块，但是如果万一我们三个人中又有一个人生病的话怎么办？我们的钱根本不够付这个医药费的。必须是什么？就是让大家都来买保险，你有两三个人生病的话，没问题，都支付得起，这就叫大数法则。因此要想做保险，就必须有大数法则，就是这么简单。那么这3200万没有医疗保险的老百姓，有一些人是因为买不起，还有一些人是因为你已经生病了，保险公司拒绝保你。总之，这些人得不到任何的医疗保障，因此奥巴马总统想出一个办法，让这5%的富人来负担其中11%最贫穷的人的医疗成本。这就像一种社区保险，比如像我们广州、深圳、上海，这些地方的保费都是不一样的，它们都是以社区的名义来参保，既然是以社区名义参保，那大家的保费都是一样的，而且只有参加的人数多，保费才能降低。所以奥巴马遵循的是一个非常标准的保险学上的基本常识。既然要做保险，就必须是大数法则，所以，你不可能说一部分人参加，一部分人不参加，人数少的结果就是保费贵，懂我的意思吧。所以奥巴马并没有做错什么事，问题出就出在这个大数法则上，你想想看，为了让每个人都参保，就必然会有相应的惩罚条款，你如果不参加的话，就要罚钱，罚你750美元一年。好，就是这点被共和党抓到了，它说你完全违反了美国宪法的立法精神，你干涉老百姓自由选择的权利，你凭什么这么做？

奥巴马就是败在这一点上。

王牧笛：其实，奥巴马一方面是被共和党抓到，说他违宪；还有一方面是他得罪了金主，就是像这些医药公司、保险公司、医生，这些都是金主。

郎咸平：对，这5%的人加上医药公司，他们都认为自己是替罪羔羊，就很生气，所以他们的反扑就很厉害，就想尽办法鼓动各个州把奥巴马政府的医改法案告上法庭。

王牧笛：医改算是个心结。奥巴马曾经动情地表示说，我不是第一个推动医改的人，但我一定是最后一个让它实现的人。

郎咸平：这个是很不容易的。

王牧笛：而且他还曾经很明确地表示说，为了医改，他甚至只愿意做一任总统，这算是心结。

胡慎之：这个心结其实跟他的性格有很大的关联。其实他两岁的时候，父母离婚了，之后有几年是跟他妈妈、外祖母一起生活的。然后他10岁时有一个继父，那个时候他在外面被别人欺负了，他继父就给了他一副拳击手套。所以，你看他的心理发展过程，他的性格中一方面是很敏感的，另一方面又有一种很强烈的自主、自立的意识。但也正是他这个经历和他这样的一个性格特点让他有了一种个人的魅力。而这个医改，对于他来说其实就像是一场战争，或者说是让他去征服什么，他情愿牺牲掉自己的比如说政治生涯，他也不会妥协。可能我们有些人会为了某件事情而去修改自己的一些准则或者一些原则，但是奥巴马不是这样的人。

郎咸平：我是不敢这么乐观地想问题。因为以奥巴马个人而言，可能像你讲的，他是个拳击手，是个斗士。但是现在是九个大法官要对他这个医保的案件进行裁决，那什么结果就不知道了。如果真的判定违宪的话，那就麻烦了。比如说弗吉尼亚州就在 2009 年 2 月份通过了一个法案，就是联邦政府以及其他任何机构不得强制要求弗吉尼亚州的居民购买保险。其实就是针对奥巴马的，因为它说这是老百姓的自由选择。美国就是个崇尚自由的国家，你怎么能够强迫呢？但是你晓得这个自由意味着什么吗？如果居民都不买保险，或者说只有少数居民买了保险，那这个保险就不能成功，因为这完全违反了保险学上的大数法则。所以说，问题就在这儿。你想保就保，不想保就不保的后果会是什么？就是到最后你发现，只有那种有病的，很可能会花钱的人才会去保，而那些健康的都不去保了。你这么搞下来的话，这个保险制就会破产。

胡慎之：是。

郎咸平：所以说奥巴马坚持的原因也在这儿，因为你一旦放弃大数法则的话，整个保险系统就会崩溃，就是这么简单。

奥巴马的心结之二：金融改革

奥巴马提出了一个全新的监管思维，这个监管思维对华尔街打击太大了。美国知名的企业高管，还有华尔街的巨头为此召开了一次商业圆桌会议，一起密谋要推翻或者搁置这场金融改革。是什么驱使着奥巴马专门与强者为敌？

王牧笛：医改构成了奥巴马的一大心结，还有一个心结，那就是金融改革。这个咱们也聊过，奥巴马前不久推出了一个金融改革，对此美国知名的企业高管，还有华尔街的巨头就召开了一次商业圆桌会议，一起密谋，干嘛？就是要推翻或者搁置这场金融改革。

郎咸平：因为他这个金融改革本身又打击到了这些利益集团，这才是最大的问题。

胡慎之：应该说是最大的、最高的一个利益集团。

王牧笛：他专门与强者为敌。

郎咸平：奥巴马这一生干的事情就是与强者为敌，主要是怪他那个继父给他的那副拳击手套，你知不知道？所以一切问题是他继父的问题。

胡慎之：其实还不是他继父的问题。奥巴马一直生活在他老爸老奥巴马的阴影下面，他好像只见过他亲生父亲两次。

郎咸平：他不是很熟悉，还没我们两个熟。

胡慎之：所以说奥巴马的性格中有双重性，一方面他要弥补父亲的过失，因为他两岁就被他父亲抛弃了；另一方面，他要去实现父亲的愿望。所以奥巴马就是遇强则强的那种人，特别当他的对手出现的时候，他会展现出一种非常强大的生命力和一种动力性的东西，这就是他为什么会去得罪这些人，其实是跟他的性格有关系的。像我们有些人如果碰到实力很强的人，可能会选择暂时地退一下。但他不是，他是需要去证明自己的那种人。

郎咸平：因为他这次的金融改革法案是在上一次的金融改革法案，就是《1934年证券交易法》之后80年推出的，他提出一个全新的监管思维，这个监管思维我相信对华尔街打击太大了。我们刚刚讲的，对他的医疗改革方案真正提出反对意见的，都是受伤害的那些既得利益集团。而这次针对他的金融改革方案的，也都是华尔街的这些既得利益集团，它们也想反扑。道理是一样的。现在就看看他有没有办法应付这些可怕的利益集团。

胡慎之：到最后他必须要让他的选民清楚地知道，他做的事情是为了老百姓的利益而打击强权。

郎咸平：我觉得他目前想做的事情应该就是这件事。

胡慎之：他一直在做这件事。其实他代表的是那种比较底层的，或者说中产以下的那种群体的利益。

王牧笛：所以我的感觉是奥巴马每抛出一个计划或者一项改革，华尔街的这帮巨头们就想把他说死在萌芽中，找了一大堆游说集团。

胡慎之：是。

王牧笛：最近奥巴马又抛出一个叫“减赤”——就是减少财政赤字的一个计划。因为这个事儿，共和党又在跟他争吵，其实他提出的减赤目标已经算是比较大的了。

郎咸平：他已经综合过了。

王牧笛：对，但是共和党那边对奥巴马说，你减得还不够。民主党也有些人反对说，你减的都是那些对美国未来，或者对美国竞争力有帮助的财政预算。因为这个又起了一些争执。而且现在减财政赤字又跟就业率形成了一个对立的关系，所以最近的这些事情对奥巴马来说都成了心结。

郎咸平：但是你要晓得竞选不是今年。

胡慎之：明年。

郎咸平：他还有时间，只要他竞选前两个月把事情搞好就可以了。

王牧笛：美国民众会淡忘的。

郎咸平：所以他现在真要干的事是继续做他这两年一直在做的事情，就是让经济持续地好转。老百姓都是比较淡忘的，你现在骂我没关系，下个月你就忘记了。所以说，奥巴马可以到明年选举前，再来一个新的方案，然后把经济再搞上去一点，失业率再降一点，说不定他就渡过难关了。现在这个百分之四十几已经不错了，那个日本的首相才百分之十几而已，更惨。

都是“拳击手套”惹的祸

奥巴马很委屈，他说遗憾的是大多数的美国人现在有点失去了对企业、对媒体、对政府的信念。奥巴马在白宫门口落寞的身影被媒体拍了个正着，媒体因此评论说，即使是世界上最有权势的男人，也不是所有的大门都对他敞开。

王牧笛：这个“拳击手套”一直斗志昂扬。不过透过最近几个媒体的报道，我感觉这个人的心气儿好像没那么高了。比如说奥巴马在 1 月 27 号发表国情咨文，他好像挺委屈的，他说遗憾的是大多数的美国人现在有点失去了对企业、对媒体、对政府的信念，这些组织本来都从事着一个重要的工作，就是振兴国家，但是某些自私的 CEO 和银行家，就是咱们刚才说的那批人，让民众开始怀疑，还有说客的干预和政党的争论不休让民众失去信心，这就是为什么现在有那么多的失望和冷嘲热讽。

郎咸平：完全正确。坦白地讲，他做的这些事情都是对的，但就是因为侵害了利益集团的利益，所以利益集团发动了强大的舆论攻势，让选民改变对他的支持，甚至变成对他的厌恶，所以影响到他的支持率。奥巴马就是因为这个事情郁闷的。

胡慎之：但是相对来说，美国人的思想是比较独立的，他们可能会在一段时间内受到舆论的影响，对奥巴马提出质疑，但是如果说给他们一些时间，他们会慢慢认清楚奥巴马做的这些事情是对的。

郎咸平：而且还有一年多的时间，还早呢，不用急。

王牧笛：而且事实上奥巴马也已经做出了让步，国情咨文里奥巴马没有给医改再设定什么最后的期限，他现在也在不断地妥协和让步，所以现在我们也不知道这场改革到底何时能完成。

郎咸平：没办法，这个利益集团的势力太强大了。你看看他所得罪的都是什么人？5% 最有钱的人，华尔街的人，这些都是媒体的宠儿，他们掌控着媒体呢。

胡慎之：都是金字塔顶端的人，奥巴马喜欢得罪这样的人。

郎咸平：所以他的日子很难过。

王牧笛：最近还有个八卦，就是美国的政治网站又开始攻击奥巴马了，说奥巴马做过脑部手术。因为他们从录像上看，发现奥巴马的后脑勺有一个小的痕迹，说因为他做过脑部手术，才导致他以前那个演讲才能尽失。以前咱们经常说奥巴马雄辩嘛，但是最近奥巴马在美国的演讲都必须靠提词器，如果没有提词器就演讲不了。

郎咸平：坦白地讲，以前奥巴马没有那么多工作。他在竞选的时候是专职竞选的，跟我们做节目一样。

胡慎之：他那时候可以背。

王牧笛：最近忙了是吧。

郎咸平：现在忙了。他每天要忙 18 个小时，哪有时间背稿子？没有办法，就只能用提词器了。我跟你讲，能够看提词器进行演讲已经不容易了，懂我的意思吧。

王牧笛：这让我想起当年奥巴马的卓越口才。当时美国的那些政治记者问的问题都很刁的，同样的问题曾经问过克林顿，也问过奥巴马。比如他们问的，总统，你穿什么内裤？

克林顿就一本正经地回答说，四角内裤。但是奥巴马的回答是，我不论穿哪种内裤，都穿得很好看。可见，奥巴马当时的口才是了得的，但是现在奥巴马的口才已经被很多美国人质疑了。

郎咸平：不是，我跟你讲为什么。真正的问题是，目前奥巴马已经不是政治明星了，媒体对他不感兴趣了，也不再关注他，就知道经常挖苦他，这才是让奥巴马最郁闷的。

胡慎之：所以说，奥巴马可能也是有苦难辩，因为舆论他也没办法造出来。

郎咸平：其实也不完全是。坦白地讲，是因为这两年奥巴马所做的事情对老百姓来讲，实惠是不大的。因为很多政策的效果需要时间才能显现出来。

胡慎之：但是对将来影响很大。

郎咸平：对。但是一两年之内是看不出来的。没有实惠的结果，老百姓就郁闷、不满，媒体代表的其实就是老百姓的心态，所以媒体自然也就跟奥巴马疏远了，就这么简单。

疏远的结果就是你没有办法透过媒体来传达你想传达的意见，没有办法跟老百姓解释你的医改制度，还有你的金融改革。

胡慎之：就是把你和老百姓隔开了。

郎咸平：就是说你讲你的，媒体不太报道你讲的，就是不在乎你，你能有什么办法？所以他比较郁闷。

王牧笛：这种落寞通过一个事件就能够看出来。 前不久奥巴马不是提前从国外访问回来吗，竟然进不了白宫，因为事先没有通知办事人员。 他在门口落寞的身影被媒体拍了个正着，媒体评论说，即使是世界上最有权势的男人，也不是所有的大门都对他敞开。 透过美国媒体的评论，可以看出奥巴马现在的心境。

第三章

美国金融改革与中国金融监管(上)

美国东部时间6月30日，美国众议院以237票赞成，192票反对通过了僵持近一年的金融改革法案。但参议院将投票时间推迟到7月中旬，现在该法案仅需获参议院批准即可令奥巴马政府取得一场关键的政策胜利。这次金融改革被认为是上世纪30年代大萧条以来美国金融体系最大胆、也是最彻底的一次改革。《华尔街日报》更是将其形容为“推土机式”的改革，美国金融监管体系将被全面重塑，这也势必会对世界经济和金融体系带来深远影响。众议院议长佩洛希指出，防止危机永不再来就是我们今天来这里的原因，我们将通过这项几代人以来最严厉的金融改革。

监管的本质，我们搞懂了吗

股市为什么大崩盘呢？就是因为内幕交易、操纵股价这类事情所产生的。而监管部门应该有的姿态是什么？我认为对于老百姓搞不懂的事情，它应该予以澄清；而搞不懂的骗局呢，证监会应该出手予以打击，这也是这次美国金融改革中很重要的一点。

（嘉宾介绍：禹国刚，深交所创始人）

王牧笛：郎教授，今天咱们请来一位权威人士——深交所的创始人禹国刚先生。《人民日报》曾经对禹总的江湖地位做过认证，它把禹总跟王健并称为中国证券市场的“股界双雄”。 今天这“双雄”之一到了现场。 咱们要把目光放在金融市场，现在这个“江湖”不太平，美国那边是步履蹒跚地搞金融改革，中国是在欲作还休地金融监管。

咱们来看一个短片：

美国东部时间6月30日，美国众议院以237票赞成，192票反对通过了僵持近一年的金融改革法案。但参议院将投票时间推迟到7月中旬，现在该法案仅需获参议院批准即可令奥巴马政府取得一场关键的政策胜利。这次金融改革被认为是上世纪30年代大萧条以来美国金融体系最大胆、也是最彻底的一次改革。《华尔街日报》更是将其形容为“推土机式”的改革，美国金融监管体系将被全面重塑，这也势必会对世界经济和金融体系带来深远影响。众议院议长佩洛希指出，防止危机永不再来就是我们今天来这里的原因，我们将通过这项几代人以来最严厉的金融改革。

王牧笛：这个奥巴马真是厉害，搞完医改之后搞这个金改，叫从胜利走向胜利。现在媒体关于这次金融改革的评论就是聚焦的多，透视的少。这是什么意思呢？请教两位嘉宾。

郎咸平：就是说，一千多页的金融改革法案，它的本质是什么？到底奥巴马想做什么？

其实美国的金融监管可以分两个阶段，第一个是《1934 年证券交易法》，第二个就是这次这个法案。那么《1934 年证券交易法》立法的本质意义是很简单的，就是维持一个公平的市场。任何人都不能够利用一些不公平的讯息来获利，也就是说，大家一起进入市场，大家的讯息来源是一样的，都是同一天得到的，大家一起交易，你亏了就亏了，赚了就赚了，这就是它的基本原则。所以，什么叫内幕交易？就是在讯息公布之前完成的所有交易，这些都是犯法的，美国证监会对内幕交易打击是最严厉的。那什么叫操纵股价？比如说哪个资金一入市，“哗”地拉抬股价，拉到高位之后呢，就套现离场，结果就把中小股民给坑了，这也是不公平交易，是不允许的。1934 年的监管法案就是解决这个不公平问题的，包括讯息的不公平、手段的不公平，这些都是不可以接受的。所以说，确立下来一个监管的真正目的，就是为了保护中小股民的利益，不准内幕交易，不准操纵股价。这就是美国。

王牧笛：所以这半个世纪以来，相对来讲美国的证券市场是稳健有序的。

郎咸平：对，因为很多人都搞不清楚，到底什么才是一个好的股票市场。我跟你讲，好的股票市场一定根基于以保护社会大众、中小股民利益为最高目标的严格监管。这个观念我也讲了很多年了，那么这次的监管法案呢，又不一样了。

王牧笛：因为很多人说，在这之前金融危机的爆发是因为整个金融监管没有防住。

郎咸平：这话讲的是对的。比如说当时《1934 年证券交易法》的出台也是因为 1929 年股市大崩盘。股市为什么大崩盘呢？也是因为内幕交易、操纵股价这类事情所产生的，所以犯罪一定走在前面，监管一定走在后面，这次情况也是一样。而且经过这七八十年的时间，现在已经不是一个股票的问题了，股票里面还有很多衍生工具，比如说期货、各种期权，还有各种带有期权性质的期货，还可以有掉期呢，非常复杂。

王牧笛：各种复杂的金融衍生品嘛。

郎咸平：对，但是我们对它就没有监管。因为 1934 年的这个法案是对股票本身的监管，而对这些衍生工具是没有监管的，而真正坑害人的正是这些我们看不懂的衍生工具，所以造成这次金融危机的也是这些东西。那么这次众议院通过的法案就是要针对这些东西进行监管，监管的目的也是一样，就是为了中小股民的利益。那怎么保障中小股民的利益呢？就是首先让你看得懂，由政府出面来帮助中小股民，把这些复杂的东西搞清楚，让你看懂之后，由你决定来不来交易，你赚你赔，那是你的事，这样就又回到了一个公平的交易机制。

所以这次的监管法案就比以前要复杂很多了。

禹国刚：那我联系到我们中国的证券市场，无论是从法制、体制，还是监管来看，我们的证券市场也都需要改革，就比例说，前几年发生的所谓股权分置。刚才郎教授讲的对我很有启示，美国奥巴马总统这一次进行的金融系统的改革，是要把那些老百姓看不懂的衍生品一个一个地分解出来，让老百姓都能看懂。

郎咸平：对。

王牧笛：而在我们这片土地上最奇怪的是经常造就一些概念，让我们愈发地看不懂。

郎咸平：对。而我们学者存在的目的就是把这个事情讲得更复杂，让你更听不懂。

禹国刚：是啊，连我们监管的最高层——中国证监会搞的股权分置是一个什么玩意儿，老百姓都没有办法知道。

郎咸平：老百姓也不太懂它在搞什么，因为大概好几年之前，它还宣布说，请大家提供一些股权分置的方案，也就是说请老百姓提供，连这种事情都会发生！我都怀疑它自己有没有搞懂？

禹国刚：对。它自己没搞懂。比如说，英国也搞过股权分置，但是英国是拿好公司进行股权分置。在美国或者我们中国香港的金融证券市场，如果是 ST 这一类的股票，就会被坚决退市，没有商量的余地。在香港，如果说一个 ST 之类的公司要重组，然后透过所谓的借壳再上市的话，那对不起，你要按照重新上市的规则进行审理。而我们这边 ST 重组可不需要这一套。

郎咸平：其实禹总讲的有一点很重要，就是你要搞懂股权分置本身是非常复杂的。它的本质意义是什么？它不是为了股权分置而股权分置。就像你刚才讲的英国的例子，它股权分置的目的是替老百姓创造财富。而我们现在是为什么？是为监管而监管，为股权分置而股权分置，完全搞错方向了。英国的股权分置之后是老百姓获利。为什么？第一，好公司才能够股权分置；第二，分置之后政府还保有一股黄金股，干嘛呢？就是如果你做得不好，政府还可以有一票否决权。什么目的呢？就是为了保护中小股民。

王牧笛：而监管部门应该有的姿态是什么？ 比如说对于老百姓搞不懂的事情，它应该予以澄清。 而搞不懂的骗局呢，证监会出手予以打击，这是这次金融改革很重要的一点。

郎咸平：你这个讲得就很好了，老百姓看不懂的东西，美国政府帮他们看，如果有什么不良行为坑害老百姓的话，美国政府帮忙打击，这非常好。首先是政府得懂，如果你政府懂的都只是表面现象，那你怎么帮老百姓解读？你怎么帮老百姓打击？因此中国的监管问题其实是它自己都没有搞懂监管的本质，监管必须以老百姓，以中小股民的利益为唯一的考虑因素。你不要跟我讲监管是为了完善社会机制，或者别的什么，我都不想听，因为这都不重要，重要的是你的监管之后老百姓能不能获利，不能的话，你就别监管，理解我的意思吗？

王牧笛：这也是为什么当年禹总是中国第一批到日本去求学"镀金"的，就是去看它们的资本市场运作。 当时在选拔的时候，只有很少数人入围，因为首先大家的语言都不过关，都不会用日语答题。

禹国刚：借你这话题说，那是 1982 年、1983 年的事情，我就在广州的迎宾馆考试的，考什么呢？ 当时日语是必考的了，然后就是证券金融的基本知识，我很顺利地答完了，然后就举手说，老师，到我这儿来一下。 他说，你有什么事儿？ 我说您能不能再给我一份空白的卷子，我给您抄一遍就更整齐，更好看了。

王牧笛：这是看得懂的。

禹国刚：对，看得懂的。 我还有个特点，就是我从来不第一个交卷的，相反是最后一个交卷，那时人们到点以后差不多就都走了，我还坐在我的位上看。

郎咸平：你是谨慎小心的人。

禹国刚：对，谨慎小心，一辈子都这样。

郎咸平：所以像你这种个性最适合当官，你知道吧，中国的官场就需要这样的人，谦和、谨慎，又小心，讲话又不得罪人。

王牧笛：而且还能够看得懂。

郎咸平：对，能看得懂，这很不容易的。

美国金融市场的“廉政公署”

美国授予监管法令无上的权力，除了不能够判刑之外，它什么都可以做。一旦抓到内幕交易，它就用国家的力量和你打官司，造成一个可怕的、强大的震撼力。什么目的呢？保护中小股民！

王牧笛：这次美国的金融改革其实还有两个举措值得关注，一个是它成立了一个消费者金融保护局，它是以一个机构的方式来保护中小投资者的利益。另外一个就是之前一直炒作的三大信用评级机构，不是陷入“信用门”吗，这次对于评级机构的监管也列入到金融改革的议程。这是奥巴马关注的两个点。

郎咸平：**这个非常重要。美国要设立一个机构是非常困难的，需要经过立法之类的一大堆过程，但是人员却非常精简，它的目的非常明确，一是帮老百姓看懂，二是打击。而且这次最让人关注的是它赋予了这个机构无上的权力，除了不能把你抓进监牢之外，几乎什么都可以做。**

王牧笛：它相当于金融市场的廉政公署。禹总连着几年在媒体中呼吁说中国要对中小投资者进行立法保护，甚至成立某种机构。这个在中国可行吗？

禹国刚：不瞒你们说，二十几年前，当我在筹建深圳证券交易所的时候，我把香港当时的证券交易条例、投资者保护条例，香港联交所的组织大纲，还有香港联交所的一整套市场运作的规则统统由英文翻译过来，200 多万字，移植借鉴过来写成我们的规则，也有 30 多万字。

所以那个时候我就知道，在香港就有一个专门的条例，叫《投资者保护条例》。据说后来是把这个条例的内容合并到最新的，叫证券与期货的监管《证券及期货事务监察委员会条例》里面去了。但是不管它的形式怎么改变，这些保护投资者的内容都是在不断地完善。

说到这我想起来，在 2008 年，为了纪念中国改革开放 30 周年，中央搞了一个座谈会，我也去了。我在会上就建议说中国应该尽快地立一部法，这个法就叫《投资者保护法》，立法的目的当然是要保护投资者的方方面面，特别是中小投资者。

郎咸平：我跟你讲，就算是在你的呼吁之下成立了这个法律，也没用。为什么？比如我们的《公司法》，可以说是全世界最齐全的公司法，为什么这么讲？因为我们把美国的、欧洲的全部都抄过来了。现在的问题是什么呢？是执行不力，要执行这个法律是非常困难的，这需要一个很高的境界。我举个例子，我们《证券交易法》是不准内幕交易，是不是？那我请问你，你怎么判断内幕交易？因此我们总共调查了 227 起内幕交易，立案的有 61 起，移送公安机关的 16 起而已，其他的有 166 起都是非正式调查，我们根本不会调查。那在美国是怎么调查内幕交易的呢，美国和我们中国一样，也有不准内幕交易的法令，但美国就非常具体，比如说今天下午 3 点钟公布利好消息，那在这之前所有的能够带动股价上涨的交易全部都叫内幕交易，可能有几百起对不对，但它只抓其中一起，然后用国家的力量把你

打得“家破人亡”，绝对有震撼力，这就是美国。这就是为什么从1934年一直到今天，美国会授予这种监管法令无上的权力，我刚才讲了，除了不能够判刑之外，它什么都可以做。为什么呢？就是要造成一个可怕的、强大的震撼力，一旦抓到你一次之后呢，它就用国家的力量和你打官司，这是非常可怕的。什么目的呢？保护中小股民！因为这么强大的政府，这么强大的司法调查权力，拥有这么强大的震慑力，让你不敢再内幕交易，那中小股民就受到保护了。

王牧笛：其实法律上还有很多模糊地带，主要是因为各个部门之间利益的相互制衡。

郎咸平：因为法律之间，以及法律本身都是有条文的，而条文之间一定是有缝隙，也有漏洞的。这就需要执法人员本身非常理解这个法案的本质意义，一旦碰到冲突，你要做出决策，你以什么为决策的标准呢？那么我现在告诉你，《证券交易法》的本质意义是，一旦碰到有冲突的时候，你做决策的唯一判断标准就是能否确保中小股民的利益。你没有这个概念的话，一碰到法律之间的不协调，除了停摆，你都不知道该怎么办了。理解我的意思吧？

王牧笛：而且中国的《证券法》对于内幕交易，包括这些市场失当行为的处罚大概是一到五倍，最高处罚也就300万元人民币，基本上就是几万、几十万了事。这个数字对于现在在资本市场上兴风作浪的金融大鳄们算得了什么呢？根本没有起到处罚的作用。

郎咸平：是啊，但是如果在美国进行内幕交易的话，它就很可能是刑法处治，要判刑的。

王牧笛：香港也是。所以禹总可能不光需要呼唤中小投资者保护法，还要呼唤这种法的力度要有所上升才行。

禹国刚：在今天这期节目里，我可以更坦白地讲我的心里话，我的一个愿望是，再过十年，先不说立这个法的问题，如果能把类似的保护投资者的一些法律条文，在我们修订《证券法》的时候加进去，并且加大实施的力度。但是，什么时候能修订现行的《证券法》，我们不知道，更别说要单独立一个投资者保护法了，特别是要保护中小投资者，这个我知其难。还有一个，教授刚谈到，我也赞成，就是你再好的法律也要靠人来执行的。美国的这次金融改革弄了一千多页，对不对？首先是监管系统，它成立一个消费者金融保障局来保护中小投资者，就像刚才教授一再讲的，你老百姓看不懂的，它帮你看懂；发现有危害中小投资者利益的，它进行制裁，而且严惩不贷。那我们现在就有一个问题了，猫不逮老鼠怎么办？比方说，在中国大陆的证券市场，不光是今年有很多的内幕交易，前几年几乎每一年都有几件，几十件，甚至几百件的内幕交易，试问，处罚了几个？再问，一些公司利用借壳上市的办法操作，比如说，大家所知道的太平洋证券的上市，我当时在想，假使那个时候就有一个中国的投资者保护法，而且保护法里有这样的条款，就是说在证券界，不管你是一个证监会、证券交易所证券商、上市公司，或者“三师”，也就是会计师、律师、评估师，还有参与证券市场的新闻媒体等等，这方方面面的人都应该受到这一部法律的监督，你所有的言行都必须符合这个法律，如果违背了，你就要受到制裁。

郎咸平：你是个幻想家，这是个美好的愿景，但不可能实现的。

王牧笛：我们的法律条文规定的是猫要吃老鼠，可现实是猫都去吃鱼了。而且媒体也是报道的多，追问的少。为什么？因为没有能力去追问。

郎咸平：因为这是非常复杂的，追什么问呢，对不对？这几年我都不太谈什么股市监管了，很多媒体问我股市监管的问题，我说我不想谈。为什么？因为这几年我长大了，我成熟了，你知道吧？

王牧笛：而且这次美国金融改革又把监管投向了一个新的领域，就是评级机构。《纽约时报》的专栏作家——弗里德曼有一个评论说，我们生活在两个超级大国之间，一个是美国，一个就是穆迪。不是王牧笛的“牧笛”，是三大评级机构之一的穆迪，说美国可以用炸弹摧毁一个国家，而穆迪可以用评级毁灭一个国家。

郎咸平：你看现在这个希腊危机不就是这个评级机构搞的吗？而且你看情况严重到什么地步？像高盛这样的公司，我又讲高盛了。

王牧笛：幽灵无处不在。

郎咸平：高盛就从穆迪或者标准普尔那边找了个评估师，用3倍的薪水把他挖过来。因为像穆迪这种公司在对国家的评估过程中是有一整套体系的。高盛把这个人以3倍的薪水挖过来的目的就是要了解它的体系，然后根据它们的体系操纵一些市场的指数，影响它们的判断决策，从而使得三大评级公司的最终决策符合高盛的利益，就坏到这个地步了。理解我的意思吧。我请问你，投资者怎么看得懂？包括希腊这些国家怎么看得懂？碰到这种问题的话，其实也需要美国政府出来监管，比如说你整个评级过程中有没有被误导图利高盛，而让我们中小股民利益受损，让希腊这些国家利益受损？这个是非常高科技的。其实我可以告诉各位，真正的高科技不是什么芯片，也不是什么集成电路，不管怎么讲，那玩意儿还看得见。像这种监管才是真正意义上的高科技，那程度之高，让我这个学金融的也叹为观止。如果能够在三大评级公司之上，你能够把它看懂，而且在它整个决策过程中，你还知道它会图利谁，会不会伤害中小股民？你知道有多难吗？

我们不是不会，而是不愿

我们都有上万种理财产品了，美国呢？你想它是我们的多少倍？那我问你，这么多的理财产品，如果按照我们这个水平，美国金融管理局需要聘多少人才能了解这么上万、上十万、上百万种的理财产品？但是我跟你讲，美国证监会的人数并不比我们多，美国股票的数量却比我们多得多，那美国是如何监管的？

王牧笛：而除了这个评级机构外，美国的这次金融监管把更多的目光放在了金融衍生品上，因为金融海啸的根源就在于那些乱七八糟的金融衍生品，老百姓都看不懂的。这也让我们想到中国，我发现中国最近这个理财产品真是多呀，简直就是“乱花渐欲迷人眼”。很多投资者都是因为看不懂这些理财产品，还有各种复杂的理财组合，搞得“赔了夫人又折兵”。

郎咸平：对，我这里有几个数据。比如说 2007 年 2 月 1 号，深发展推出一款什么工行、建行、中行 H 股挂钩，推出的时候，它自己吹牛说年收益高达 15%。那么当时的股价工行是 4.58，建行是 4.70，中行是 3.90。好了，一年以后呢，工行涨了，建行也涨了，还是大涨，只有中行跌了，从 3.90 跌到 3.26。那按道理说这些投资者应该有所收获，对不对，你两个涨那么多，就一个小跌。但是，最后结果是什么呢？收益为零！也就是说，你白忙了一年。

王牧笛：就因为一个跌了，那两个涨了也没用。

郎咸平：确实没用，而且涨得很多，工行是从4.58涨到了5.08，建行是从4.70涨到5.85，而中行是从3.90跌到3.26。

王牧笛：中行亏损了，就足够向投资者解释说，你收益为零了。

郎咸平：是啊，那我不晓得你这个是怎么算出来的？

禹国刚：我们不知道它怎么算出来的。

郎咸平：你去问的话，我相信它自己也没搞清怎么算出来的，反正就是不想给你钱。你说收益等于0.12还好，是不是？如果说是零的话就是坑人，这叫霸王条款。怎么会是零呢？怎么会这么准呢？为什么这3个加在一起会等于零？不可能的嘛。

王牧笛：这几年理财产品格外多。因为股市不景气，楼市又开始调控，银行利率又低，你的资金无处可逃，然后都跑进银行。现在各个银行都在做各种各样的理财产品，前两天我去中大参加一个论坛，花旗银行搞的，花旗现在已经把理财产品推给大学生了。

郎咸平：你去讲课是吧？

王牧笛：我去讲知识结构，人家去讲理财结构。

郎咸平：你最近混的不错嘛。

王牧笛：半个伪经济学家。花旗银行做的这些投资理财产品，已经开始向大学生兜售了，而我在现场看到，大学生也确实开始投资各种理财产品了。

郎咸平：大学生不务正业，不好好念书，来投资理财产品，搞什么嘛，真是的。

王牧笛：所以在那次演讲中，我的一个核心观点就是，对于大学生来讲，知识结构比理财结构重要得多，老老实实学点知识比什么都重要。

郎咸平：不过你这些都是老朽的话，别人不爱听。

王牧笛：我这也有一个数据，2005 年银行推出的理财产品数量仅仅是 598 只，2006 年是 1353 只，2007 年是 3035 只，2008 年是 6591 只，2009 年是 7798 只，但是 2010 年的理财产品数量已经过万了。

郎咸平：我们都有上万种理财产品了，美国呢？你想它是我们的多少倍？那我问你，这么多的理财产品，如果按照我们这个水平，美国金融管理局需要聘多少人才能了解这么上万、上十万、上百万种的理财产品？但是我跟你讲，美国证监会的人数并不比我们多，美国股票的数量却比我们多得多，我们只有几千只股票，而美国有上百万只，我们都忙成这个样子了，美国怎么办？我跟你讲，美国有一个很好的机制，叫辩方举证，什么意思呢？就是不用政府去查，去举证。这不像警察或者检察官要起诉你，就必须由警察或者检察官举证。在金融管理局里正好完全相反，也就是说，我怀疑你这个产品有问题，你就要给我说清楚，让我听得懂，如果我听不懂，你就是犯罪。就这么简单。所以他一个人可以管一万种金融产品，也可以管一百万个产品，反正他看不懂的，他就会把你叫过来说，你给我解释一下是什么意思，如果你解释以后，我还是听不懂的话，那你就是犯罪。

禹国刚：就是说你自己举证。美国SEC（证券交易委员会）我也去过几回，我拜访过其中两届主席，我向他们请教说，你们是怎么监管一个市场的？其中一位就说，我们都是消防队，哪儿冒烟，哪儿失火，我们就去哪。

王牧笛：这不就是教授一直强调的理论嘛，就是监管永远是事后监管。

郎咸平：对，永远是事后监管，不可能事先的，犯罪都是比较聪明的。

禹国刚：对，他跟我说，它最厉害的就是通过辩方举证。比方说，有股民投诉你，说你有内幕交易，如果在我们中国，就需要股民去找证据，可是作为一个股民，怎么可能找得全？怎么可能搞过他们。但是在美国正好相反，股民控诉你的话，你就要自己举证证明你没做这个事，你没坑害人，那我才认为你无罪。

郎咸平：这其实是个非常具体的操作手法，我们竟然不会。我相信我们都很聪明，为什么不会呢？是因为我们知道这个太严厉了。

禹国刚：不愿。

郎咸平：对，是它不愿意这样去做。

第四章

美国金融改革与中国金融监管(下)

中国证监会是全世界最具个性的监管部门?

现在最根本的不是监管水平的问题了，而是监管思路的问题，我们的整个思路跟美国是背道而驰的。美国是特别要查，我们开始不查了，这是什么意思呢?

（嘉宾介绍：禹国刚，深交所创始人）

王牧笛：理财产品只构成一个陷阱，中国还有更大的陷阱，比如说层出不穷的内幕交易。最近媒体曝出两个案子，一个是国信证券，另一个是中信证券，这两个案子现在已经浮出水面了。

郎咸平：**我跟你讲，我们不要跟着媒体炒，关于这类事件媒体讲得很多的。这些人因为什么被抓的？是因为他们太傻了。你看这个人傻到什么程度，国信证券总经理李绍武的妻子邱利颖竟然参股，你说你不被抓谁被抓啊?**

王牧笛：他连作假都懒得作了，直接让妻子上马。

郎咸平：**还有中信证券企业发展融资部前任总经理谢风华，他涉嫌利用 ST 兴业重组信息参与内幕交易。被抓的这些人都是傻的，竟然找自己的老婆去做，还自己去做，像这种傻的，抓出来就算了。但是，我们证券公司里还是聪明的人多，根本抓**

不到的。

王牧笛：所以现在有个流行的说法，叫“PE 腐败”，现在私募股权号称什么？“金融皇冠的明珠”。可是我发现，我们把这个“明珠”掰开了一看，却是中国最大的“绞肉机”和“名利场”，或者“关系场”，它里面的关系太复杂了，滋生了各种腐败。叶檀有个评论说“PE 腐败”的危害已经远远超过了二级市场的内幕交易，成为现在中国证券市场最大的一个毒瘤。

郎咸平：**对于这个 PE 的腐败，我发现很多官员说，哎呀 PE 这个东西还是不要查了。中国国际金融公司直投部董事总经理陈十游对媒体也这么说。给人的感觉是，这个事情从上到下，似乎是一路绿灯，不查的意思是什么呢？就是说你可以为所欲为了。所以说，现在最根本的不是监管水平的问题了，而是监管思路的问题，我们的整个思路是跟美国背道而驰的。美国是特别要查，我们开始不查了，这是什么意思呢？**

王牧笛：而且，上到监管部门，下到上市公司，还有中间的券商，其实只要这几个环节的利益集团能够获得利益，就不会出问题。现在就是因为这些人的利益没平衡，所以出了问题。

郎咸平：**就是。我们的股票市场其实是一个非常“完美”的市场，把那些笨的人挑出来之后，剩下的都是平衡利益的人，因此从外表看的话，已经达到一种和谐，挺好的，对不对？**

这些笨人都违反了和谐的原理。

王牧笛：借用张爱玲一句话来评论咱们中国的股票市场，就是“外面是一袭华美的袍，里面爬满了虱子”。

禹国刚：本来早就应该有法律或者法规来对这些进行监管了，可是一直到现在基本还没有谁来管，更谈不上法律法规。

郎咸平：不但没什么人管，而且他们还说不要管，对不对？

禹国刚：恕我直言，中国证监会是全世界证券市场当中最具个性的监管部门。

郎咸平：为什么？

禹国刚：因为它是“集运动员与裁判员”于一身的，这是我们中国证券市场的一个特色。

王牧笛：中国有很多领域都是这个样子。

禹国刚：我们看下 1997 年 7 月 2 号国务院办公厅发布的《关于将上海证券交易所和深圳证券交易所划归中国证监会直接管理的通知》，通知是这样讲的：上海市人民政府、深圳市人民政府：经国务院总理第 150 次会议研究决定将上海证券交易所、深圳证券交易所划归中国证监会直接管理；交易所总经理、副总经理由中国证监会任免；证券交易所的理事长、副理事长由中国证监会提名，会员大会选举产生。

王牧笛：就在那个时候您的权力就被拿走了。

禹国刚：问题从这儿就发生了。郎教授研究得多，全世界有哪一个证券监管部门是既当裁判又当运动员的吗？

郎咸平：有啊，我们啊。

禹国刚：所以我就说唯一。

郎咸平：唯一，对。

禹国刚：任何一个交易所，不管你是实行会员制，还是实行公司制，都不应该是你证监会来任命它的总经理、理事长、副理事长。

郎咸平：就是啊。

禹国刚：这就又把计划经济那套套在市场经济中证券市场的管理上来了。

郎咸平：我都不理解，这件事过去这么多年了，你谈起来怎么还会那么激动呢？你应该习惯了才对。

禹国刚：不是。

郎咸平：可见你还是很正直的人。

禹国刚：很多事情由此发生。

郎咸平：对，肯定的。

禹国刚：你看，第一步它先把这些权力统起来都弄到手里，第二步它就更具体化了。因为我干的是交易所，也曾把我调到中国证监会政策研究室了。郎教授，我相信你不会反对我的一个观点，就是全世界采取证券交易所审核批准制的，大概不多了吧？

郎咸平：对，真的是不多了。

禹国刚：我们这儿呢，这两个权本来在交易所，这还尚可说得过去，对不对，因为我们的证券市场还处于一个发展的过程当中，国际上也曾经是这样做的。可是一旦有了上面那个文件，它把两个交易所——上海证券交易所、深圳证券交易所的审核上市的权限弄到中国证监会去了。郎教授，这你肯定清楚了。

郎咸平：对，当然了。

禹国刚：它还有一个发审委、发改委。

郎咸平：对。

禹国刚：太平洋证券上市的问题就出在这儿，如果说上交所或者深交所违规批了让它上市，那你作为“猫”的中国证监会一定要逮证券交易所这个“老鼠”，对不对？

郎咸平：结果它去抓“鱼”了。

禹国刚：对，可问题是现在它也不抓“鱼”。

郎咸平：你的意思是它最后连“鱼”都没抓，它养“鱼”去了，对不对？

禹国刚：对，它不但不抓“鱼”，在某种意义上它甚至把自己也变成“老鼠”了。所以我刚才讲到的一个观点，就是监管这个“猫”不去逮“老鼠”怎么办？那只有动用法律。可是话又说回来，法律再完善，也是靠人去执行。更何况至今我们还没有一部比较完善的法律，比方说我们的《证券法》，当年起草这个《证券法》的时候，真是把欧美、日本的相关法律法规都拿来了，可是讨论的结果却是一个方方面面妥协的结果。

王牧笛：就是所谓的法律解释的一个模糊地带，就是说各个部门的利益都要上升为集体的意志、国家的意志。

禹国刚：不妥协，这部法律就出不来。

郎咸平：而且他们绝对不会从中小股民利益来决定法律的取舍。

禹国刚：对，没错。

王牧笛：在这个法律所要保护的利益结构中，其他所有部门的利益都照顾到了，唯一缺失的就是中小股民。

郎咸平：对。所以 1934 年美国的《证券交易法》跟这一次的《金融监管法》，它们的目的在我们这里是绝对不存在的。那如果说我们连以中小股民利益为前提这个基本概念都没有搞清楚的话，那美国的做法，我们是永远不会理解，也永远做不到的，理解我的意思吧？所以到最后就是一个协调的产物，老百姓还是怨声载道，因为我们根本就没有解决本质的问题，目的搞不清楚，手段也不会，空有那么多法律有什么用呢？

王牧笛：其实老百姓自己也有一个误读，就是对于媒体经常炒作的这些内幕交易，很多老百姓就认为这跟我有何关系呢？ 反正损害的是国家利益。 但其实说到底，接手者是谁？ 比如说那些知道内幕的人 2 块钱买进的，然后 10 块钱卖出，接手的都是什么人呢？ 就是不知道内幕的这批人。 这些烫手的山芋到最后还是传到了中小股民手里，他们才是最终的受害者。

我们缺失的灵魂：信托责任

我们根本就不了解国家的信托责任是什么？官员的责任是什么？保荐人的责任是什么？我们根本就没有信托责任的概念。我们引进了企业《公司法》，引进了公司这个制度，引进了股票市场，那我请问你，灵魂你引进了吗？所有参与人对于国家、民族，还有中小股民的信托责任，你引进了吗？你没有！

郎咸平：你这个问题讲得很好。我想跟各位提出一个新的概念，就是为什么美国要打击内幕交易？这个也是我们老百姓没有理解的，我告诉各位真正的原因，就是因为美国希望藏富于民，理解我的意思吧？你要藏富于民的话，那就需要老百姓在一个非常规范的市场里面同一天拿到讯息，然后大家去交易，创造的财富大家一起分享。而不是说一个人透过所谓的内幕交易把我们的利益全部席卷走了，变成一个人的财富了。就是你刚才讲的，你2块钱买的，然后10块钱卖给我们这些老百姓，你赚了8块钱，你致富了，而千千万万的老百姓受到损失了。这样的话会出现什么情况呢？贫富开始有悬殊了，有内幕交易的人成了有钱人，其他老百姓因为受到损失而越来越穷了。这完全违反了美国的立国精神。怎么做到藏富于民？就是所有的老百姓必须在同一个起点起跑。因此它寻求什么？一个立足点的平等，你违反这一条的话，就违反了美国的国策，打击到了美国藏富于民的基本理念。这就是为什么美国对于内幕交易的打击是最严厉的，要晓得美国对于所谓的操纵股价，还有欺诈的打击力度没有这么大的。

王牧笛：我们对于内幕交易最多就是证监会找你谈话，叫谈话提醒。

郎咸平：对。

王牧笛：而且现在不是说 PE，也就是私募股权这个领域的腐败很多嘛。我们的媒体和专家就有一个论调，说打击似乎不是很重要，监管也不是很重要，什么重要呢？激励机制很重要。他们认为是券商跟上市公司之间没有一个正向的绩效激励，说应该给更多的钱，有点像新加坡的高薪养廉，认为给了高薪就能养廉。

郎咸平：这是胡扯。根据我们的数据显示，一个保荐人推荐一家公司上市，可以获得 200 万元的保荐费提成，还有 40 万元的签字费，还有超募佣金等等其他的收入，加起来大概有 400 万元。这还少啊？我们官员能赚多少钱？一年也就十几万、二十几万，你都 400 万了，还讲什么？

王牧笛：贪婪。

郎咸平：而且我最讨厌我们学者根本没有搞清楚状况就乱讲话，他们总是不了解问题的所在，比如说讲国企改革，他们就说，激励机制不行。为什么呢，因为公司不是你的，所以你做不好，公司变成你的，你就能做好了，这是胡说八道。我当时就提出了“保姆理论”，你保姆做好工作是应该的，对不对？因为我聘请你来，你替我服务是应该的，这是你的信托责任，懂我的意思吧？你说你做不好是因为你不是主人，你变成主人的话就可以做好了，这不是胡说八道吗？我们现在根本就是在乱用激励机制。我们根本就不了解国家的信托责任是什么？官员的责任是什么？保荐人的责任是什么？我们没有信托责任的概念。我们引进了企业《公司法》，引进了公司这个制度，引进了股票市场，那我请问你，灵魂你引进了吗？所有参与人对于国家、民族，还有中小股民的信托责任，你引进了吗？你没有！

王牧笛：就是说制度的内核和灵魂没有带过来。

郎咸平：对。所以我们国企老总变成怎样？变成一群可恶的人，人人厌恶的人。为什么？因为他只想赚钱，他就想，我当国企老总，辛苦这么一辈子，才赚那么少的钱，太不公平了。那我请问，美国上市公司的哪一个不是国企老总？他们的本质都是一样的，都是上市公司，都是大众持股、公司所聘的职业经理人。我请问你，人家为什么要做好？当然你可以说，他薪水多。我跟你讲，你说的不对，为什么？他要做好是因为他有信托责任。比如说通用电气的杰克·韦尔奇，他干了20年，把通用电气从一家电器公司变成世界数一数二的顶级公司，他退休的时候也不过就拿一两亿美金，这些钱和我们国企老总MBO赚的钱根本不能比的，差太多了。那他为什么能做好？就是因为信托责任，他就认为做好是应该的。那我们保荐人有吗？你做内幕交易的时候有想到你对国家、对民族、对我们股东，或者说对你的客户有信托责任吗？我想，大家根本没有这个概念。

王牧笛：他们现在做了一个模式，叫保荐人代持，就是这些保荐人找自己的亲戚朋友或者是其他关系的人去代持股份。

郎咸平：所以我跟你讲，就上面讲的中信、国信被抓的这些人，都算是比较傻的，这些人还算是比较单纯的。真正可怕的是什么？是像中信、国信这些公司里存在的问题其实比我们知道的严重千百倍，但是我们却根本都不知道，这才叫真正的可怕。为什么？因为我们的监管单位也不知道如何监管它们，手段不会，目的也搞不清楚。到最后谁吃亏呢？当然是我们中小股民。这完全违反了我这么多年一直提倡的藏富于民的理念。你晓得这个有多严重吗？政府出面打击内幕交易的目的是什么？那不是为了打击而打击，而是为了一个长远的立国目标——藏富于民，你想想看，这个问题有多严重。美国老百姓对于美国政府的这种执法力度是非常支持的，奥巴马所碰到的困境是什么？是来自于华尔街的压力，是来自于利益集团的压力，但老百姓是非常欢迎的，因为老百姓确实看不懂，确实需要政府来协助，因此到最后还是会通过的，因为这已经成为一个非常重大的民生问题了。

王牧笛：所以我们讨论这种激励机制就跟我们讨论新加坡的高薪养廉一样，我们只看中了人家高薪养廉，却没看中新加坡背后还有鞭刑的存在呢。

郎咸平：就是。

王牧笛：人家法治传统极强。

郎咸平：对。在新加坡你拿那个油墨喷喷别人车子，就要被抓起来打六鞭，那么粗的藤条，那玩意儿很痛的。

王牧笛：昨天我还跟朋友聊天说这个鞭刑，它是那种软的鞭子，打完以后内伤很严重，而不是说只有皮外伤，内伤很长时间都好不了。

郎咸平：其实我们应该引进鞭刑，对于股票市场的内幕交易，你就别罚他钱了，以后抓到的话呢，证券公司总经理打三鞭，你看怎么样？

王牧笛：切肤之痛。

郎咸平：对，切肤之痛，让我们老百姓在旁边围观，叫他脱裤子打三鞭。就是说你先接受这样的处罚，然后我们再实行高薪养廉。你问问这些人愿不愿意，我跟你说，他们肯定不愿意。

禹国刚：我告诉你，高薪养廉在我们这儿行不通，想想看，我搞一个内幕交易就能赚上千万，甚至上亿，你那个高薪养廉能高到什么程度？ 太小意思了，我根本看不上的。

郎咸平：人的贪欲是无穷的。

王牧笛：说到信托责任，它背后要有一个对法的尊重的精神，或者说白了，就是对于签订的合同的一种尊重。

郎咸平：这个信托责任本身是要寄托于一个人的良心。可是你要晓得，在美国也好，在欧洲也好，信托责任为什么这么重要？是因为它背后有强大的法律震慑力，让你不敢不有信托责任。美国设立这个金融机构的目的是什么？你看，赋予了它无限的权力，除了不能给人判刑之外什么都可以做，目的就是让你不敢不有信托责任，这是很重要的一点。

王牧笛：当年发现新大陆的“五月花”上，可能有流氓、有地痞、有无赖，但这些人签订了一个协议，到了新大陆上大家就都要遵守这个协议。 也就是说，从美国立国之初就有了一个法治的传统，他们都尊重他们签的这个协议。

郎咸平：我们不太了解有这个东西，我们只知道有股票市场，可以赚一笔钱，但是从来就没有想到信托责任是什么？甚至不知道股票市场的目的是藏富于民。美国1934年的《金融交易法》的所有目的就是每个人都承担信托责任，做什么呢？替国家藏富于民，替老百姓创造更多的财富，这就是美国建立股票市场的终极目的。但这个我们是不懂的。现在PE的内幕交易是证券市场腐败的一种新形态，还有刚才聊到的ST，ST重组是一个标准意义的中国概念，是一个怪胎。我们在别的地方没有看到过这种ST重组，现在这个重组里面的腐败也是很严重的。我们说ST创造了多少新的财富，这些财富又归谁了？又是归于少数人了，理解我的意思吧。所以说我们的股票市场完全违反了其成立的目的，只是图利少数人，就是那些有权力的，或者有内幕交易的人。最后的结果就是造成社会贫富的严重分化，中小股民基本上是亏的。撇开股票市场，看看我们的现实社会，是不是也是这样子呢？是不是都是有权力的一些人赚了钱，而老百姓越来越贫穷？所以你看，中国的股票市场和中国的现实情况是一模一样的。

我们也需要一个华丽的转身

监管机构的独立性和责任感，而并不是所谓的监管架构，对一国的金融稳定起到关键作用，如果一国的监管者能够独立地、负责任地做出决策，就会增加金融中介和投资者的信心。

王牧笛：这个要请教禹总，当年这个 ST，还有 PT 都是怎么来的？

禹国刚：这个我告诉你，就是说一个公司上市以后发生了亏损，按道理应该让它除牌退市的，但是你知道的，中国的事儿是很复杂的。

王牧笛：这儿我插一句话，就是当年为了使国企脱困，好多国企其实是不符合上市标准的，也都上了市。你说，上了市之后，你筹了资了，有了钱了，是不是该退市了？它还退不了。

禹国刚：可能就一个 PT 水仙是最早退市的。ST 是英文缩写，其意思就是应该特别处理，特别处理以后就得坚决叫它退市，没什么可讲的，你不能危害中小股民，当然大股东也要保护。但是大股东一般具有一定的自行保护能力，我们中小股民可没有。

郎咸平：有人问我说，大股东要不要保护？我说，当然不要

保护，因为他们有自我保护能力，要保护的是中小股民。

禹国刚：对，他就像是一个成人，能够当公民了。但是中小投资者就像小孩子，小孩子是要特别保护的，对不对？那么当时这些国企就没有退市，也没有除牌，而是等待一下。好，于是后面就发生了重组，其实重组也没关系，问题是你真重组了吗？不是。这里边的名堂太多了，五花八门，随便一弄，然后搞所谓的借壳上市，钻我们现行法律的空子。其实无论是在美国，还是我们的中国香港，你重组以后是要重新上市审核的。但是我们这边重组，然后借着这个壳上市的话，就不再审核了。这个不是我老禹的发明，我也只是个执行者。当时是怎么回事呢？就是叫它先停在那儿，叫它重组去，但是上市也有一定标准的，但是你可以透过借壳上市。用郎教授的话，这个壳很值钱。

郎咸平：对。

禹国刚：就用那个壳，里面再装一些东西，于是，就在这个重组当中，内幕交易之类的腐败就发生了。打个比方，比方说这是一个ST，大家都在盯着，这个ST怎么弄？这个ST说，我找新大洲来重组，然后就开始重组，在重组中，可能也塞进了一部分黄金、白银，但是也可能塞进的大部分都是马粪，然后外面用金纸一包，看起来这是很大个的金蛋。

王牧笛：大家都扑上去了。

郎咸平：那当初在做决策的时候，你们有没有做过什么提议？

王牧笛：没有想到这些事后的风险吗？

郎咸平：你当然都是知道的。但是当时你作为一个官员是怎么处理的呢？

禹国刚：我是要审查它。咱说一句良心话，中国的证券市场在开发的初期还是比较好的。我老禹这一辈子感到比较自信的一点，就是当时实现“四个现代化”于一身的也就是深圳证券交易所这一家了，比方说交易的电脑化，交收的无纸化，就是电子记账，通讯的卫星化，运作无大堂化，就是深圳证券交易所没那个大堂，不要穿红马甲的。不管是硬件的建设，还是软件的建设上，我都是很重视的。

郎咸平：那当时这个问题你是怎么处理的？

禹国刚：这个问题就不由我来处理了。刚才不说了吗，权力被拿走了。有文件把我的权拿走了，我还能处理吗？没办法的。所以郎教授你刚才说，你老禹也退休了，事情也过去这么多年，怎么现在说起话来还这么慷慨激昂？

郎咸平：就是，你比王牧笛还要慷慨激昂。

禹国刚：我比他慷慨激昂得多。一想起这些内幕交易，一想起这些重组，我就一个字，恨。道理很简单，就是我们不能坑害我们的中小投资者，应该出自这个愿望，对不对？像我们今天说的，美国在系统地搞金融改革，光文件就写了一千多页。那我们的证券市场怎么办？

郎咸平：你知道我害怕什么吗？我害怕经过我们这些学者的鼓吹之后，过两天我们也搞一个消费者金融保护局，又是个正部级单位，又多了一大堆官员，到最后的结果是什么事都没做。

王牧笛：金融监管对于整个金融，还有实体经济的影响是至关重要的。国际货币基金组织有一份研究报告就直言，说监管机构的独立性和责任感，而并不是所谓的监管架构，对一国的金融稳定起到关键作用，如果一国的监管者能够独立地、负责任地做出决策，就会增加金融中介和投资者的信心。

郎咸平：**它的意思就是信托责任，它这么讲是因为他们心里面都是这么想问题的，但我们不是。**

王牧笛：这样才能发挥金融对于实体经济的促进作用。而在中国现在这两个脱节得非常厉害。

郎咸平：**我们脱节的东西多了，哪止这两个。**

王牧笛：所以我们今天聊美国的金融改革，聊中国的金融监管，其实等于是在不同的时空有一个融合。我们感慨的是美国的金融监管法规是"野火烧不尽，春风吹又生"。而我们这边的内幕交易是"野火烧不尽，春风吹又生"，我们希望看到的是它们最终能殊途同归，达到一个点的融合，就是把中小投资者的利益放到至高无上的地位。

郎咸平：**当然，我也得说一句比较客观的话，就是美国现在的这种以中小股民利益为前提的状况也是从1934年才开始的，在那之前也跟我们差不多。**

王牧笛：所以我们也需要一次大的转折，实现一个华丽的转身才行。

郎咸平：**对。**

禹国刚：中国证券市场的发展只有短短的二十多年时间。从硬件方面说，它完成了西方国家长达几十年甚至一两百年走过的路程，甚至可以说，在一些硬件上还比它领先的。但是在软件上，就是法律、监管，我们差得很远很远。

郎咸平：还有信托责任。

禹国刚：这个信托责任，郎教授在很多场合、很多次地强调过，我也非常赞成。就以我们的证券监管体系为例；我们的证监会不但有它自身的各个部门，还在几个地方设有证券的监管局，就这点，我敢说比美国证券交易委员会完善得多。但是怎么样去监管？信托责任明确不明确？如果明确，那能不能够履行这个信托责任？这是中国股民，特别是中小投资者最关注的一个问题。希望我们的法律法规不断完善，希望我们监管者的信托责任能够明确，能够执行，能够保护我们投资者，特别是中小投资者的合法权益，使我们证券市场健康地向前发展。当然，我们这个市场是一个新兴的市场，充满了机会和希望。

郎咸平：你后面的话讲得有点像官员了，说明你这个本质还是没变。

禹国刚：不是。我的意思是如果没有这一点，我们的证券市场就关了算了，这么坑害人，老百姓又赚不到钱，对不对？

郎咸平：那要先把这个上市公司都拿去分解了，把钱分给老百姓之后才能关，不能随便关的，对不对？

禹国刚：我们的小平同志 1992 年 1 月在深圳视察的时候讲过这么几句话：证券、股市，这些东西究竟好不好，有没有风险，是不是资本主义独有的东西，社会主义能不能用？允许看，但要坚决地试，看对了，搞一两年。对了，放开；错了，纠正，关了就是了。关，可以快关，也可以慢关，也可以留个尾巴。但是我们不希望把它关掉，因为来之不易。

郎咸平：对。

禹国刚：美国不是在搞金融改革吗？我们希望能借助这个也来一次中国证券市场的法制、体制各方面的改革。

郎咸平：但是一定要学习别人的灵魂。

禹国刚：没错，而不是学习别人的表面。灵魂就是这个信托责任。

第五章

世纪婚礼启示录

4月29日，英国将迎来举国欢腾的大日子，威廉王子与未婚妻凯特·米德尔顿将在伦敦威斯敏斯特大教堂举行婚礼。这场婚礼将成为英国近年来最盛大的王室庆祝活动，预计全世界会有10亿观众通过电视直播观看这场世纪婚礼。欧洲是个盛产童话的地方，在此之前，西班牙王妃、挪威王妃、丹麦王妃，一个个“灰姑娘”纷纷穿上水晶鞋，过上令人艳羡的宫廷生活。政治联盟是古代王室婚姻的重要使命，而在眼下这场皇室婚礼的经济效益似乎更具看点。分析师预测，威廉王子的婚礼将为英国经济注入强心针，带来10亿英镑的经济收入。

王室的婚礼为何如此高调

30 年前查尔斯王子跟戴安娜王妃的那场世纪婚礼是万人空巷。30 年后，在欧洲经济如此低迷的今天，威廉王子与凯特小姐的这场童话般的婚礼规模之大，足以让人感受到 19 世纪 20 年代英国最巅峰的“日不落”帝国时代。

（嘉宾介绍：王福重，知名学者）

王牧笛：郎教授、王老师，再过几天就是 4 月 29 号了，英国的威廉王子和他的准王妃——凯特的世纪婚礼即将上演。30 年前查尔斯王子跟戴安娜王妃的那场世纪婚礼是万人空巷，30 年后，在欧洲经济如此低迷的今天，这场童话般的婚礼被很多人看作是经济唱戏，超过了历史传统，成为这场婚礼的主调。

咱们先来看一个短片：

4 月 29 日，英国将迎来举国欢腾的大日子，威廉王子与未婚妻凯特·米德尔顿将在伦敦威斯敏斯特大教堂举行婚礼。这场婚礼将成为英国近年来最盛大的王室庆祝活动，预计全世界会有 10 亿观众通过电视直播观看这场世纪婚礼。欧洲是个盛产童话的地方，在此之前，西班牙王妃、挪威王妃、丹麦王妃，一个个“灰姑娘”纷纷穿上水晶鞋，过上令人艳羡的宫廷生活。政治联盟是古代王室婚姻的重要使命，而在眼下这场皇室婚礼的经济效益似乎更具看点。分析师预测，威廉王子的婚礼将为英国经济注入强心针，带来10亿英镑的经济收入。

王牧笛：我们先谈风月，后谈经济。王老师有一首打油诗是吧？

王福重：生命诚可贵，郎眼价更高，若为爱情故，两者皆可抛。

王牧笛：我们先聊这场爱情。

郎咸平：好。

王牧笛：30年前是查尔斯王子和戴安娜的婚礼，几乎是万人空巷，戴安娜王妃也是贵族出身。而这次婚礼被很多人看作是当年的一个翻版。在很多人对英国王室的回忆当中，总是有那场车祸的悲伤，而这场婚礼将让很多人走出这种悲伤。

王福重：对，戴安娜王妃是个非常善良的人，深更半夜里去看望病人，跟艾滋病患者拥抱，大家都称她是“人民的王妃”。戴安娜王妃去世后，虽然当时在布莱尔首相的全力支持下，英国王室给她举行了葬礼，但是直到今天阴霾还笼罩着王室。这次大办威廉的婚礼，首先是王室的事情，其次才是卡梅伦首相的事情，它的目的就是你说的，以扫过去的阴霾。更重要的，它真正的主角是经济。你看“9·11”事件，其实就是毁掉了两个楼，而美国的楼多的是，对吧？而且，美国的军事实力还在吧，科技力量还在吧，文化力量还在吧？可为什么两个楼一打掉，美国经济就不行了，就开始了长达好几年的衰退？这就是因为人的心理状态影响了人们的投资和消费行为。所以，现在的英国需要一个强心剂，也就是说威廉王子与凯特小姐的这场婚礼将是一个强心剂，有了这样一个强心剂，我想英国人民的消费和投资热情，还有精神面貌将会不一样。

王牧笛：而且看英国的近代史，我们会发现每一次在经济低迷的时候，总会有一场婚礼出现。1947 年，伊丽莎白跟她的老公——希腊的王子菲利普的婚礼，当时“二战”刚刚结束，英国的经济很低迷，民众需要振奋。1981 年，当时英国的经济持续衰退，搞了一场戴安娜和查尔斯的婚礼。现在，金融危机之后，英国经济也没怎么恢复，又搞了一个威廉王子的婚礼。每次都是婚礼搭台，经济唱戏。但是有一个问题想要请教教授，就是我们看这些王室的婚礼，英国的威廉，还有前不久的瑞典女王储的婚礼，还有日本天皇的婚礼，都非常高调的，恨不得全球媒体都来报道。但是，克林顿在嫁女儿的时候，还有台湾的陈致中那场婚礼，稍微奢华一点都会被骂死。这是为什么？

郎咸平：**所有这些王室的婚礼实际上是一个贵族的传统、贵族的延续。但是他们负担了多少国家的责任，你知不知道？欧洲的贵族扮演了什么角色？他们是要领先全国老百姓去替国家打仗的。**

王牧笛：扮演的是保卫者、守护者的角色。

郎咸平：**贵族有两大特点，我们很多人都不知道的。第一，它为国家牺牲生命；第二，它很爱老百姓。所以你看，戴安娜王妃会半夜三更去看望艾滋病患者，这是什么？这是爱。还有她的老公查尔斯王子，给我们的印象是非常差劲的，对不对？**

但是，真实的查尔斯王子是什么样的呢？我跟你讲，1976 年，他搞了一个“王子信托基金”，帮助了 5 万多个混得不好的年轻企业家。为了这个基金，他要到处去融资，每年大概 1.5 亿美元，同时，他还监督 20 个非营利慈善机构的运作，他每年都要捐出自己收入的六成用于慈善，就 2009 年到 2010 年间，他就捐了 2600 万美元。我要提醒各位注意的是，这个钱可不是老百姓的纳税钱，而是他自己家的钱。你知道这些钱从哪里来的吗？他是一个王子，他有一个叫康沃尔公爵的领地，大概有 13 万英亩，分布在全世界 23 个不同地区，这些领地的租金是他个人的，他把这个钱也捐出来给国家，你晓得吗？这就是英国的贵族干的事儿。他赚了钱，不是去吃喝嫖赌，也不是去夜总会洗脚的，而是拿来帮助那些临时有周转困难的年轻企业家。而且各位晓不晓得，在“一战”和“二战”的时候，很多英国贵族都身先士卒，战死在战场上了，这个我们很多人都不知道。

王福重：教授说得非常深刻，我特别同意。我再补充两点，第一个就是说除了爱之外，贵族最可贵的品格还有勇气，就是我们讲的视死如归。

郎咸平：对，贵族会决斗，但老百姓不会。

王福重：对，比如说我们两个都看上一位女士，怎么办呢？那我们就决斗吧，这就是贵族，视死如归的。普希金就是。过去我们也是有贵族的，比如说庄子，他就认为富贵于我如浮云，就是与天地合一；还有隋炀帝，虽然是个暴君，但他是个贵族，他死的时候很优雅的，就是你砍我头不要紧，但你要让我优雅地死；崇祯皇帝也是贵族，他说“任贼分裂朕尸，勿伤百姓一人”。贵族就是这样的，他有爱，虽然这些人在统治国家的时候有很多问题存在。

郎咸平：贵族的可贵之处在于他的勇气，在于对老百姓的爱。所以，透过这次婚礼，我想告诉全国老百姓我们应该追求什么？我们不希望国家出什么贵族，但是贵族精神我们应该继承。

王福重：没错，我们现在的要求就是你有个底线，这也是我们的最高要求了，因为大部分人连个底线都没有，更谈不上贵族的这些品质。这些贵族为什么值得尊重？就是因为很少有人有这么大的爱，很少有人有那样的勇敢。

郎咸平：很少有人有那种牺牲精神。

王福重：还有刚才你讲的，为什么我们说克林顿、陈致中应该低调，而英国王室要高调？因为他有资格，虽然说英国的王室、日本的王室都没有实质的控制权，但它是国民的精神上的象征，人民需要精神这种力量，所以人民赋予你奢侈的权力。

郎咸平：对，没错。

王福重：但是作为政府是不可以这么奢侈的，政府应该是一个节俭的政府，就是你花钱应该是很小心的，“君君臣臣”，一定要讲究的，君就是君，作为“君”，就应该是养尊处优的，因为你是我们国家的象征，你不能寒酸。但是作为臣子，你就不能像君王那样奢侈，这是道理。

郎咸平：所以像克林顿，像陈致中的爸爸，都是什么人？都是公仆。也就是说，你们是仆人，是给我们老百姓服务的，那你怎么能够办这么奢侈的婚礼呢？跟贵族完全是两码事，这个你要搞清楚。

王牧笛：所以说王室这个阶层存在的意义就在于，第一，它延续了一种贵族的精神，这种历史的文化传统是要延续的；第二，它有效地分割了国家跟政府，就是说，它让你对国家有一个态度，但对政府有另外一个态度，这个很重要。而且，看到这次婚礼的请柬时我吓了一跳，原来世界上还有这么多皇上！

王福重：对，皇室很多。

王牧笛：尼泊尔、马来西亚、瑞典、西班牙、泰国，这些国家的皇上都被列到威廉王子邀请的贵客名单上了。

郎咸平：还有一个很有意思的事情，就是像北欧的很多国家不是都有国王吗？那没有国王怎么办呢？比如说瑞典，就从丹麦买一个国王过来，所以我们说丹麦是国王制造国。

王牧笛：而且这些国王都很有担当的，比如刚才聊的查尔斯王子，他就被称为整个英国最勤劳的公务员。他在 2009 年到 2010 年期间，官方活动就有 646 次，其中 123 次是在海外。

郎咸平：也就是说，就这一年里，他跟他老婆总共在 115 个场合会见了将近 1 万人，这是什么概念？每天要见不同的人，多累啊！

王牧笛：当然，他不可能自己一个人在战斗，他的办公室有 124 个职员。国家财政拨的钱根本不够花，他还得自己补贴进去 10% 的钱。

郎咸平：对啊，很可怜的。像英国王室每年的支出大概是 1430 万英镑，可是英国政府每年给的补贴最多才是 790 万英镑，根本不够。伊丽莎白女王还跑去找财政大臣，就相当于我们的

财政部长，女王就跟部长商量说，能不能多给我点钱？要是在我们这，肯定会赶快给钱。但是英国的那个财政大臣说，不可以的，这是老百姓的钱，纳税人的钱，不能乱给的。

王福重：就是说一个国家需要有团结在一起的力量，像英国这种国家，它通过王室起到了这样的作用，它是国民精神的象征，是统一的象征，它告诉老百姓什么叫国家。 相当于承担了我们的思想政治教育这个工作。

郎咸平：在欧洲是这样子。在亚洲呢，比如说泰国的国王普密蓬，他也是非常重要的精神领袖。当两派，就是泰国的红派跟黄派打得不可开交的时候，老百姓就期望他能够出来说一句话。你看到没有，虽然他没有实权，但这不重要，因为他是一个精神领袖。日本的天皇也一样。

王福重：非常受尊重。

郎咸平：我举个例子，1959 年日本明仁天皇结婚，日本举国欢腾。然后 2005 年，明仁天皇跟美智子皇后唯一的女儿——纪宫公主出嫁，也是全民欢腾。甚至在金融海啸时期的 2009 年 4 月份，日本庆祝明仁天皇夫妇的 50 年金婚，11 月又举办了即位 20 周年的庆典，都得到了老百姓的祝福、尊重和欢庆。干嘛要在经济这么困难的情况下庆祝呢？就像你刚才讲的，它需要一个形象代言人，需要振奋国家。因为日本的老百姓在碰到这些庆祝的时候，就像英国的老百姓碰到婚礼一样，他的整个心态都改变了，他就会增加支出、增加消费，经济就起来了。所以他们今天扮演的不是一个简单的角色，不是说就想举行一个大婚，搞些奢侈浪费的事情。那是我们的水平。

这场婚礼真正的受益者是谁

有人估算，说这场世纪婚礼将给英国带来10亿英镑的收入。也有人认为，这个婚礼不但可以拉动英国的内需，还可以促进全世界经济的发展。所以说，这场婚礼，相当于是给全世界的经济冲喜。

王牧笛：贵族的荣誉感和这种视民如伤的使命感构成了一个路向，那还有一个路向，就是这些英国王室的贵族们不得不算一个经济账。刚才教授说了，伊丽莎白女王到财政部那里去要钱，屡屡讨个没趣。但她要维护自己的家族产业，要继续地视民如伤，就必须考虑经济账。所以咱们聊的这次世纪婚礼，整个英国国民之所以都陷入一种狂欢，政府也乐见其成，卡梅伦也对这个事情给了一个很高的评价，其实是他打了一点财政的小算盘，也想在其中赚一点。

郎咸平：没错。

王牧笛：最近很多人估算，说这场世纪婚礼将给英国带来10亿英镑的收入，而且婚礼是在白金汉宫举办的，这些都是王室的产业，它是可以通过门票赚点钱的。

郎咸平：这个白金汉宫很重要。为什么？因为它最近的经营状况不太好，但是它每年要花70万英镑修理这个皇宫，因此需要透过这个婚礼赚点门票收入，很辛苦的。为了维护皇宫的形象，他们真的很不容易。还有件有意思的事情，威廉王子去北爱尔兰访问的时候，凯特穿了一件巴宝莉的米色风衣，大家看了之后为之疯狂，然后抢购一空，甚至类似的比较便宜的风衣，销售量也翻了三倍。想想看，就这样一件小事情，竟然给英国的零售业增加这么大的业绩。

王福重：这也算是拉动内需了。

王牧笛：还有威廉送给凯特的那个 18 克拉蓝宝石的订婚戒指，现在也在不断地被山寨、复制。

王福重：对。我要讲的一个事情是，过去我们认为奢侈是不好的，浪费是不好的，首先就是你不能浪费纳税人的钱。但是浪费本身对经济来讲是有好处的，这就是那个“蜜蜂的寓言”，我们假定女士不用化妆品、不美容美发，也不戴手表、不买 LV 包，就用点大宝，然后随便装个塑料袋就完了。可是你要知道化妆品是个很大的产业，它的研发、生产养活了很多人，如果没有奢侈品，只生产必需品，那有多少人要失业？我们的经济会一团糟。所以我们特别需要有人引领消费，好比说教授请我们俩吃饭，花 10 万块，这对大家都有好处的。教授他可能也不在乎钱，咱俩吃得挺好，还可以吹吹牛，饭馆老板有了收入，员工还可以有红包，国家还可以有税收。看起来这 10 万块钱很奢侈吧，但是它拉动了消费，它有撬动的效应、乘数的效应在里面。再说英国，你想想看，除了这种类似于婚礼的东西之外，还有什么能够拉动英国人的消费？

郎咸平：基本没了。

王福重：对，所以说英国王室的这场婚礼承担着拉动英国内需的重要责任。

郎咸平：这就是为什么它要这么大规模来干这个事。

王牧笛：包括英国民众这个长达 11 天的假期，因为正赶上 4 月 29 号前后的复活节，再加上“五一”假期。这就构成了一个叫皇室婚礼游的黄金周。

郎咸平：英国那边的酒吧本来是晚上 12 点关门，现在都可以继续延长，又增加了收入。每年外国游客为英国带来将近 1140 亿英镑的收入，雇用了英国 270 万人口，你看这有多重要。

王牧笛：这个“蛋糕”有多大呢，因为当时威廉王子跟凯特是在肯尼亚订婚的，现在连肯尼亚都推出了个浪漫之旅。英国王室的结婚，肯尼亚推出浪漫之旅！

王福重：我想他们的婚姻可以带动更多的东西。现在欧洲有一种现象，就是很多人都不愿意结婚的，我觉得它还会带动一个结婚的潮流。

郎咸平：否则出生率会大幅下降。

王福重：对。这场婚礼真的可以拉动内需。

王牧笛：它的规模大到什么程度呢，说这场婚礼最终是要让人感受到 19 世纪 20 年代英国最巅峰的“日不落”帝国时代。所以，现在围绕这场婚礼，英国出现了一条完整的产业链。

皇家铸币厂发行了 5 英镑的银币，收藏品制造商推出了纪念凯特的限量版娃娃，还有数以万计的爱情马克杯、爱情 T 恤，连出版商都不甘示弱，出版了漫画小说《凯特和威廉谈一场公开的恋爱》，整个产业链迅速铺开。

王福重：这个婚礼不但可以拉动英国的内需，还可以促进全世界经济的发展。为什么？因为会有很多年轻人搭便车走进婚姻这个殿堂。就我们中国人来讲，也有人办婚礼，但是也有很多人不想结婚，或者什么都凑合一下就算了。但是透过这个婚礼我们看到的是，它不只是一个仪式，它更重要的意义是使更多的人对爱情又重新燃起了热情。它不单拉动了内需，还可以促进大家的乐观情绪，这对经济非常重要，如果大家都低迷，都像失去亲人一样痛苦的话，那消费什么？就像日本的大地震，地震本身的影响是很小的，但日本经济却会受到很大影响，为什么？因为大家都没那个心思去消费。所以说，这场婚礼，相当于是给全世界的经济冲喜。

王牧笛：也就是说，英国历史上的这三场婚礼都是在经济衰退的时候，它是在给世界冲喜。

郎咸平：说不定日本的天皇也要搞一个什么活动出来，冲冲喜。

王福重：他那个公主下面肯定也要举行婚礼。

王牧笛：这只是冲喜的开始，接下来是伊丽莎白女皇的钻石登基，再接下来是2012年伦敦奥运会，是一步接一步地冲喜。卡梅伦说这次婚礼是举国欢腾的日子，现在看来是全世界欢腾。

郎咸平：对，全世界欢腾，我们都跟着激动。

王福重：为什么全世界欢腾？因为我们乐见金童玉女的成

婚，我们相信爱情存在。 现在很多人，特别是我们很多中国人，由于生活的压力太大，都不相信有爱情这玩意儿了，但通过这场婚礼，我们发现实际上还可以有。

王牧笛：据英国旅游局预测，未来的四年访英的中国旅客的数字将飙升 90% 。

郎咸平：肯定的。

王福重：肯定主要是中国人。 缺什么就得补什么。

郎咸平：这些人肯定是“金砖四国”的最多。如果我们办皇室旅游，说不定又出了什么事情，比如说导游强迫购物，这是我们会干的事。

中国旅游业之痛

王室的世纪婚礼给我们一个关于旅游，或者国家形象、地方形象的推广一个启示。我们过分偏于资源、偏于市场，这是个怪圈，我们应该跳出来，借鉴一下西方的经验，试着从文化的高度，或者说一个民族根性的角度出发，给我们的旅游定位一个比较有气质的主题。

王牧笛：这场婚礼真正的推动者和操刀手就是英国旅游局，它是要从中拿到很多好处的。英国旅游局从2010年开始围绕三个主题推出了三年的全球推广计划，你看它的设置，三个主题分别是经典英伦、动感活力和奢华风尚，经典英伦对应的是伊丽莎白女王，她属于那种王室的雍容华贵；动感活力对应的是威廉王子；奢华风尚对应的就是查尔斯王子，他住在自家别墅，热衷各种沙龙、午餐会、慈善活动。英国的这个旅游推广，对应的是王室的这三代人。

郎咸平：这是真正的国家形象宣传片，而且大家疯了一样，都主动帮它宣传。

王福重：因为人家威廉王子跟凯特小姐之间真的是爱情，因此你怎么歌颂或是吹捧都不为过。不像咱们的一些明星举行婚礼，虽然也奢侈，但大家都把它当成一种闹剧。

郎咸平：你讲的是大S，对不对？

王福重：我没这么说。

王牧笛：跟张朝阳是难解难分的关系。

王福重：那是一场戏，也就是说大 S 这个婚礼也是经济唱戏。为什么？ 你看，首先是她骂张朝阳，然后又给张朝阳道歉，这实际上就是张朝阳给那个微博做推广，他们做得有点过了。

郎咸平：**可能是因为搜狐的关注度不太高。**

王福重：对。

郎咸平：**是张朝阳太大意了，他没想到新浪会做这么大。这就是为什么他们，包括大 S，花了这么多的时间和精力搞这个婚礼，搞得很多人在骂。你看跟威廉比起来，威廉和凯特是真正的爱情，他们对国家还有这么大的贡献。**

王牧笛：把王室作为形象大使，是一个不错的选择。 而我们中国的旅游现在更多依靠的是资源，还有老祖宗传下来的思路。比如说桂林山水甲天下；上有天堂，下有苏杭。

郎咸平：**那都是老祖宗想出来的，现在都想不出来了。**

王牧笛：但是走到今天，我们的口号也发生了很多变化。

郎咸平：**叫做什么“煤炭之都”、“羊毛之都”。**

王牧笛：比如“宜春，一座叫春的城市”，于是有很多媒体质疑说，为什么这么叫呢，“宜春，一个叫春的城市”，是因为我们宜春太寂寞了吗？ 宜春市旅游局回应了媒体的质疑，把口号改了，现在新的口号叫“宜春，一座春的城市”。

王福重：还有比这更有意思的。 好几个地方在争夺西门庆的故里，这也是搭台唱经济戏。 但是人家是有一个美好的愿望在里面，还有真正的爱情。 咱现在是连西门庆这种资源都要开发。

郎咸平：这叫什么？叫西门庆 GDP 工程，这是我们地方政府干的事。

王牧笛：还有这个潘金莲故居、武大郎故里。 现在我们对于这些资源的偏执程度真是有点让人匪夷所思，什么都可以作为“非物质文化遗产”。 比如说浙江东阳，它搞了一个“童子尿蛋”，就是用那个童子尿煮的蛋，作为当地旅游推广的形象标志，听说很火。 然后网上有人开玩笑，讲有外乡人去当地做客，当地人非常热情地邀请他说，你来尝尝我这个童子尿煮的蛋。 他说这个不行，吃不了。 然后当地人就说，吃不了，那你喝点汤吧。

王福重：还有那个曹操墓，弄出来之后河南、河北就争起来了，都说对方那个是假的，大家争这个坟地。 我们这样做，其实也是文化搭台、经济唱戏，都是想拉动 GDP。 但是这真的能提高我们这个民族的幸福指数吗？ 幸福指数里面有一个很重要的标准，就是要有一种精神上的信仰，那样的话，即使你生活可能不那么富裕，但你仍然很幸福。

郎咸平：这样的一个比较之下，层次立见高下。人家是一种爱的升华，是精神方面的享受。咱们搞得都是武大郎之类的。

王牧笛：看看目前我们国内旅游界的一些宣传用语。 上海是“上海，精彩每一天”，有网友点评说很像“加油，好男儿”，像护肤品的广告；重庆是“没到过重庆，就不了解中国”，网友点评是，这句话会让不了解中国的人更加误读中国；承德的是“游承德，皇帝的选择”，网友点评是，听上去就像房地产广告；珠海叫“浪漫之城，中国珠海”；大连叫“浪漫之都，中国大连”；合肥叫“两个胖胖欢迎您”；咸阳最逗，叫“中国金字塔之城”，网友点评说，金字塔在哪儿，你得告诉我。你看我们的近邻，日本跟韩国，它们在整个旅游打造方面煞费苦心，比如说韩国，它就拿那些影视艺人，还有流行的韩剧比如说《大长今》，来作为一个国家的形象推广。日本是拿动漫产业作为一个国家的形象标识。它们做的是文化韩国、文化日本。

郎咸平：像《大长今》拍的是什么？是一个在皇宫后院里面做饭的女人，这个东西我们怎么会拍呢？我们都拍皇帝。一个在后院做饭的女人，这个怎么拍得出来？还拍八十几集！这是什么样的创造力才拍得出来。要是我去拍的话，大概只能拍两集，第一集拍怎么做鱼香肉丝，第二集拍青椒炒肉丝，接着就拍不下去了。

王福重：我们现在流行的电视剧都是那些打入敌人内部的。

郎咸平：对。

王福重：我军的地下工作者对金钱、女色，还有恐惧这些一律都不在乎，我们宣传的是这些东西。当然话又说回来了，我们的广州在亚运之后，我觉得它的旅游形象做得还是不错的，有人说市长讲话声音好像比以前还大了，好像是更有底气了。确实，因为亚运会，广州不单是建了很多场馆，而且整个广州市市民的文化品位真的是提高了一层，包括房地产开发。

郎咸平：价格也高了一层，是吧？

王福重：也高了一层。但是它的房子做得越来越有品位了，它懂得怎么样跟这个自然亲近，怎么样培养点气质出来。就是说，广州这个城市现在更有气质了。这也是属于这种“运动搭台、经济唱戏”。

王牧笛：所以说，这次英国王室的世纪婚礼给我们一个关于旅游，或者国家形象、地方形象推广一个启示。我们过分偏于资源、偏于市场，这是个怪圈，我们应该跳出来，借鉴一下西方的经验，试着从文化的高度，或者说一个民族根性的角度出发，给我们的旅游定位一个比较有气质的主题。

第二部分

国内热点

第六章

通货膨胀的病理与药方

金融危机的阴影刚刚过去，通货膨胀的乌云又大举压境。从年初的“豆你玩”、“蒜你狠”、“姜你军”，到近期的“糖高宗”，几个月来，农产品价格像脱缰的野马一路狂飙。10月25日，休克了近5个月的成品油价又宣布上调。10月21日国家统计局发布的前三季度经济数据显示，9月份居民消费价格指数同比上涨3.6%，年内第四次突破3%的警戒线，涨幅创23个月以来新高。而央行继2007年7月20日以来首度加息，更使得民众开始担忧通货膨胀时代的到来。

我们拿什么抗通货膨胀

黄金为什么会涨？不是因为它能抵抗通货膨胀，而是大家对于美元蒸发等等问题感到恐惧，所以去买黄金。它不是用来抵抗通货膨胀的，现在只有中国有通货膨胀。很多人得出了一个结论，说中国的通货膨胀时代到来了，只有买股票才能对抗通货膨胀。这是在中国特殊的环境之下得出的结论，不靠谱的。

（嘉宾介绍：李银，财经评论员）

王牧笛：郎教授、李银，最近我从网友那里学了一个新词儿，叫“太给力了”。比如说，我们聊一个新鲜热辣的话题，网友就会评论说“太给力了”，如果聊的话题比较温和，网友就会说“不太给力”。这次咱们得给一下力。最近财经界关注的一个话题，就是通货膨胀时代快到来了。

李　银：不单是财经界，我觉得民生更关注这个话题，老百姓也很关心。

王牧笛：所以我们“给力”关注一下。

看一个短片：

金融危机的阴影刚刚过去，通货膨胀的乌云又大举压境。从年初的“豆你玩”、“蒜你狠”、“姜你军”，到近期的“糖高宗”，几个月来，农产品价格像脱缰的野马一路狂飙。10 月 25 日，休克了近 5 个月的成品油价又宣布上调。10月21日国家统计局发布的前三季度经济数据显示,9月份居民消费价格指数同比上涨3.6%,年内第四次突破3%的警戒线,涨幅创23个月以来新高。而央行继2007年7月20日以来首度加息,更使得民众开始担忧通货膨胀时代的到来。

王牧笛:“十一”黄金周的时候,我去城隍庙逛,发现那里有一个老凤祥银楼,里面全都是人,我当时以为大家是在抢购世博会的门票,后来发现不是,是在抢购黄金,不是买那种饰品,而是买那种足金的500克的金条。后来我看报道说,那个银楼的营业额一天时间就过百万。

郎咸平:**买金条是为了保值。**

李　银:其实不单是上海,很多地方的银行都推荐客户去买黄金。目前情况下并不是不可以,不过我们要关注美元的变化。

郎咸平:**你讲得很好。首先我们要搞清楚一个问题,就是黄金是谁在控制?黄金跟美元是挂钩的,对不对,也就是说,黄金基本上都是美国在控制。自金融海啸以来,尤其是2008年11月份之后,黄金从700美元一盎司开始上涨,涨到1000多美元,涨了快一倍了。这是一种什么心态你知道吗?就是说整个世界对纸币都不信任了。以前你要看黄金走势的话,你得先预估一下美元的走势。为什么?因为黄金只是一个手段,美元才是真正的目的。我举个例子,每当美国政府想拉抬美元价格的时候,它就会去找华尔街的公司打压金价,让黄金的投资人受到损失,然后这些投资人就会离开黄金市场,去干嘛呢?购买美元。**

李　银:对,他们会转向买美元。

郎咸平：然后美元就涨了。一般来讲，就是黄金跌，美元会涨。所以很多人就认为，黄金跟美元是一个相反的翘翘板，其实不是的。金融海啸之后，发生了一件很有意思的事情，金融海啸的根源是美国，那美元肯定是完了，对不对？但是，你发现没有，所有货币都在跌，只有美元狂涨。这是怎么回事呢？其实是美国政府特意使美金上涨的，这样就满足了大家在危机时候逃避风险的心理，因此使得美元成为唯一的避险货币。其他货币，包括欧元、澳元全部都狂跌。

李　银：所以那时候各国就开始储备美金了。

郎咸平：对。所以大家不要把美金看成什么垃圾，绝对不是的。现在我们媒体上经常报道说美国大量印发钞票，美元要贬值。没这回事的。为什么在危机时刻黄金会涨，美金会涨？黄金为什么会涨？不是因为它能抵抗通货膨胀，而是大家对于美元蒸发等等问题感到恐惧，所以去买黄金。它不是用来抵抗通货膨胀的，现在只有中国有通货膨胀。其他国家，包括美国是没有通货膨胀的，相反还有通货紧缩的问题。

李　银：去年 9 月份的时候，我还看过郎教授跟樊纲的一个论战。 樊纲认为 2009 年中国的经济是低位徘徊，没有通胀的风险。而教授已经认为当时会有通胀风险，而且会有滞胀的可能。

郎咸平：对，结果呢？

李　银：结果就是通胀是事实。 我觉得挺好玩的。

王牧笛：所以说黄金成了对抗通货膨胀的一种投资方向。 但是现在更多的人把股票跟对抗通货膨胀关联起来。 现在有一种被滥用的说法，就是从1991年年初到2009年年底，这19年间的上证指数，平均每年上涨18.63%，就等于19年来上涨了30倍。所以很多人就得出了一个结论，说中国的通货膨胀时代到来了，只有买股票才能对抗通货膨胀。

郎咸平：这是在中国特殊的环境之下得出的结论，不靠谱的。因为我们的股票市场是很奇怪的。举个例子，2009年我们股市的回报率是64.43%，CPI是−0.7%，刚好相反，这有什么关联呢？我们再看看美国，美国的股市比我们成熟得多，如果股市跟通胀有关系的话，那在美国一定会显现出来，可是我们看到的数据并不是这样子的。上个世纪五六十年代，美国的通胀率都是百分之二点几，都不到3%。但是，50年代的股票回报率是16.7%，60年代是5.2%，差这么多，这说明它并没有一个必然的关联。

李　银：我觉得这个观点应该是基于地产调控，尤其是限购之后，很多资金要找一个出路，所以他们就建议投资在股票上。它其实不是对抗通货膨胀，而是目前一个好的投资机会。

郎咸平：对，是这么理解。

王牧笛：所以现在这两个方向看似是对抗通货膨胀，其实并没有本质的关联。

郎咸平：最近这个股市涨就是你刚刚讲的打压楼市的结果，大量避险资金从楼市流出来，干嘛呢，炒大盘股。最近这几天又不一样了，因为“十二五”规划要出来了。

李　银：现在还没有完全出来，年底会出来。

王牧笛：现在是叫意见，征求意见稿。

李　银：我注意到住建部和有关部委做的“十二五”的地产规划草案，里面说地产还是一个发展规划，而不是一个调控规划。就是说，未来五年地产还是我们的经济支柱，这个时间还是蛮长的。

王牧笛：这个东西绑架了中国经济。要想松绑是挺难的一件事情。

郎咸平：**对。我们中国今天的问题是什么？是严重的产能过剩，就是供给远远大于需求，到最后我们发现真正有需求的只有地产。到最后就是地产绑架了中国，这还得了？**

王牧笛：说起产能过剩，有一个论调说产能过剩也是一种有效抵抗通货膨胀的办法。

郎咸平：**可我们的产能过剩不是为了控制通货膨胀而故意产能过剩，而是因为我们的一大堆所谓的刺激政策，我们的过度投资造成的。而且目前产能过剩还在持续恶化，恶化的结果是什么呢？比如说钢材，生产出来没人要怎么办？那当然要降低价格了，对不对？所以说，我们不是因为要对抗通货膨胀才造成的产能过剩，这个不要搞错了。**

通货膨胀是穷人的眼泪

以前的提问方式是“还有什么要涨价?”现在的提问方式变成“还有什么不涨价?”提问的方式都发生变化了。列宁有句名言，“通货膨胀是对劳动人民的剥削”。现在媒体给了个诗化的语言，说“通货膨胀是穷人的眼泪”。

王牧笛：我们刚才聊的这几种对抗通胀的方式，基本都是一些人想象出来的，基本站不住脚，可是为什么会有人这么做呢？是因为现在民众对物价普遍地上涨感到恐惧，非常地不安。比如说以前的一个提问方式是“还有什么要涨价？”现在的提问方式变成“还有什么不涨价？”提问的方式都发生变化了。列宁有句名言，“通货膨胀是对劳动人民的剥削”。现在媒体给了个诗化的语言，说“通货膨胀是穷人的眼泪”。

郎咸平：这话都是对的。

李　银：现在还有几个没涨的，比如说公交车的车费，涨得是比较慢的，或者基本没涨。还有一个是游戏的点卡，它的价钱还没涨。所以最近出现了一个叫“新穷人”的现象，为什么叫“新穷人”呢？因为他很宅，他的消费只是在家里面打游戏、充点卡，吃的也都是很便宜的东西，其他基本没什么费用了。所以很多人质疑，说为什么中国的内需带动不足？你说怎么去带动呀？

大家都不敢去消费。

王牧笛：还有最近成品油价格又涨了，然后食用油价格涨了，还有糖价涨了。这些全是与国计民生相关的。以前咱们说“豆你玩”、“蒜你狠”、“姜你军”，说糖是“糖高宗”，现在又换了一个词叫“糖玄宗”，就是说糖涨得玄乎其玄，无法解释。

李　银：还有一个叫“苹什么”，苹果现在都涨到5块钱一个了，谁还吃得起啊？

王牧笛：现在我们周遭的一切都在涨，人们为了保值、增值，才有了刚才我们所说的要对抗通胀的这样一种冲动和想象。

郎咸平：对。但是我们看统计局的数据，会觉得好像不严重，才3.6%。欧洲和美国好像跟这个数字差不多。

李　银：通胀其实是一种生活的直观感受，并不是光靠数字的。

郎咸平：对。

李　银：我们这个数字也有问题，信贷跟物价基本是两张皮。为什么呢？信贷的统计是把房贷放进去统计的，而物价是不考虑房贷的。老百姓买房，你要建房，这样就会带动一些物资的上涨，比如说建材、运输，这些都要涨的，然后生活用品就要涨，但是这一块是不统计进去的。

王牧笛：9月份统计数据，CPI涨了3.6%，创23个月以来的新高，面对涨声一片，大家很恐慌，说到四季度通货膨胀是不是会更加严重。我们追问的一个问题就是，此轮上涨原因究竟是什么？ 现在学者有解释，比如说北京大学国家发展研究院就做了一个报告，它说是工资上涨导致了物价上涨；宋国青有个言论说，由于住房市场萎缩，于是钱就拿去消费了，比如买车，这也是通胀的一个原因。 大家都各有各的解释，那请教教授，您认为此轮通胀的原因到底在哪里？

郎咸平：我们总是喜欢根据表面现象做结论。我请问你，工资为什么会涨？我们分析的结果，其中一个很重要的原因是房租在涨，包括北京、上海、广州、深圳。当然北京的数据是极不可靠的，具体的我就不讲了。

李　银：因为这个数据，北京市建委还跟统计局相互掐架。

郎咸平：对，它数据不可靠。但是在其他各大城市，我们发现它的物价和房租是成正比的。我们就以苏宁电器为例，2008年到 2009 年，它增加了 182 个店面，聘用这么多人才增加 4000万的工资，增幅只有 2.48% 而已。那房租和水电费却从 21.4 亿增加到了 24.5 亿，上升了 14.74%，它的成本上升太高了。工资上涨，成本上升，怎么办呢？只有抬高商品的价格了。

王牧笛：教授拎出来一个房租的概念。 其实在商业中，地价或者是房租是很大一个成本。 这就能解释为什么现在网购这么流行，百货商店里的东西一定比网购的东西要贵很多。 因为网店没有这个租金和地价这些成本。

李　银：对。 关于工资上涨，我这里有个数据，也是统计局的，你看准不准确。 它说今年前 9 个月，农民工的工资平均涨了 18.7%，2009 年的月均工资是 1417 元，涨 18.7%，也就是多了 265 元左右，这个钱相对于租金的涨幅简直太少了，它连租金那个空都填补不了，怎么去推动物价上涨？

王牧笛：这两天我去东莞调研，就跟那些新生代产业工人，就是“农二代”，同吃同住同劳动。他们就说，工资确实在涨，但是他们没有任何涨的感受。因为物价的上涨远远抵过了工资的上涨。“租金引领的通货膨胀”是我们做出的第一个描述。但是其实现在很多媒体，包括很多学者也在关注的一个定义叫“输入型的通货膨胀”，就是说比如最近这个汇率大战开打，人民币拒绝升值的结果就是我们现在在国际市场上买原材料的价格大幅上涨。

郎咸平：是啊。比如说铁矿石、硫磺这些大宗商品都是美元定价，美元一贬值，它必然要涨。华尔街还推波助澜，他们发现美元要贬值，就开始炒作，炒作的结果是更涨。

李　银：而且美联储还大肆发行货币。

郎咸平：对。

李　银：前段时间，也就是广交会的时候，商务部长陈德铭不是来过吗，他就说美元的货币发行不受控制，以及大宗商品的价格持续上涨，是带来输入型通胀的一个主要原因。

郎咸平：所以你看，输入型通胀、房租等调控不力，再加上增发货币，这几个因素造成的后果就是我们的通货膨胀越来越严重。

中国老百姓能容忍更高的通货膨胀率？

有人说3%通货膨胀率这个警戒线是适用于西方的，但是中国的通货膨胀警戒线不应该局限在3%，可以提高到4.5%。他们对于民众的忍受能力做了一个数字化的理解。我想问问这个4.5%是怎么来的呢？

王牧笛：其实“通货膨胀”这个词是经济学里挺经典的一个定义。我记得我上学的时候知道的通货膨胀，就是物价上涨，货币贬值。可是到了现实生活中，通货膨胀其实特别复杂，你看我们媒体所建构出来的名词，比如结构性通货膨胀，还有成本型的、投资型的、输入型的，以及咱们经常调侃的通货膨胀预期。怎么搞得这么复杂？

郎咸平：因为它本来就很复杂。

王牧笛：那我们找出的两个核心因素是构成此轮通货膨胀的很重要的原因，那么应对，或者说化解通货膨胀，就要从这两个因素上做文章。

郎咸平：但是政府要注意一件事情，就是我们的政策在推动的时候常常过于简化，会一刀切。比如我们说这个货币投放太多了，政府说好，银行不能放贷了。它就会马上砍货币，进行紧缩。这不是扯吗？货币只是其中一个因素而已，你一刀切的结果是什么？就是企业拿不到贷款了，然后陷入困境，这另外一个危机就出来了。那其他的因素怎么办？比如说房租大涨，你要不要控制？这属于楼市调控方面的失败，对不对？这个调控失败的影响说不定大过货币的增发，还有国外输入型通货膨胀，这些你完全无法控制的。我们人民币汇率又不能像欧元一样，通过升值之类的办法抵挡通货膨胀，我们做不到的。所以输入型通货膨胀，我们是阻绝不了的；房租调控不力使得成本上升，我们也是阻绝不了的。现在唯一的办法就是控制货币，但是，控制货币能不能达到我们预期的效果就很难说了，因为它只是其中一个因素而已。

李　银：控制货币已经很难了。我们看一个数字，2009 年的时候，为了刺激经济，我们发行了大约 9.6 万亿的货币。而这些货币都往什么地方走呢？首先是基础性建设的领域，然后是广义货币，2010 年 9 月底余额达到创纪录的 69.64 万亿。

郎咸平：所以说这几个因素你控制不住的话，通货膨胀也就控制不住。除非你的数据造假。

李　银：对。但是现在有一个办法，就是加息，加息可能是一个短期的控制通货膨胀的比较好的办法。

王牧笛：10 月 19 号这轮加息是 2007 年以来的第一次加息。

郎咸平：幅度非常小。要靠这个控制通货膨胀是不容易的。

李　银：所以很多人就担忧，中国会不会进入一个连续的加息周期。

郎咸平：我跟各位讲，在这点上，美国要比我们单纯得多。

美国透过控制一个金融变数，就能够控制住通货膨胀。我们是不行的。因为美国整个国家是非常简单的，它的房租一点都不高，而且政府还给很多的补贴。虽然他们也有房产税，但是如果你的房子租给了低收入群体的话，政府还给你一定的补贴。还有，它在盖住宅区的时候，规定20%是廉租屋，这点他们处理得非常好。因此它已经控制住房租上涨的诱因了。另外，对于这个输入型通货膨胀，美国根本不在乎的，石油可能是对它唯一的冲击了，其他对它的影响都不是很大。那好了，一个是货币，一个是利率，这两个因素都没有了，基本就能控制通货膨胀。我们都不行。

王牧笛：但问题是加息是否是有效抑制通货膨胀的办法？

郎咸平：当然不是，因为加息跟你讲的这个增发货币是类似的。加息的目的是什么？就是大家都不要借钱了。不借钱的话，就不能买东西了，物价就不能上去了。它跟发货币的情况是一样的。

王牧笛：我们以美国为例，两次海湾战争导致石油价格上涨，当时西方国家发生恶性通货膨胀，美国和英国也在加息，也是单纯的加息办法。不过加息之后，很快进入滞胀了。就是说加息跟通货膨胀之间的关联，似乎在历史上被否认了。

李　银：其实我个人觉得，目前加息有一个很大的用处，是让储户的资产得到保护。否则，一旦储户不能容忍负利率的话，他的存款就会流出，就会进一步推动通货膨胀，这是一个目的。另外一个目的，在某种程度上也起到了调控地产的作用。至于说加息有没有长期的效果，可能还要看中国的实际情况。

郎咸平：中国的实际情况是非常复杂的。我们中国的加息都有问题的，举个例子，2007 年 6 次加息，股价全涨；今年 10 月 19 号加息，股价也是涨，虽然说涨幅不大，但它也是涨，并没有狂跌。这代表什么意思呢？代表说你的加息本身就是有问题的，应该没有达到你的期望。更有意思的是，以 10 月 19 号这次加息为例，它的结果是更多的资金去炒股了。

王牧笛：而且我们有一种担忧，就是加息会导致热钱的流入，热钱流入会助推资产泡沫化。

郎咸平：没错。所以说，中国的通货膨胀是非常非常复杂的，如果你想用金融手段来解决通货膨胀，那我可以跟你讲，很难！

李　银：我比较怕的是政府会听一些人的建议，说中国老百姓还能忍受。

郎咸平：你的意思是他们不听我们的建议，而是听樊纲等人的建议，是不是？

李　银：我怕他们听，比如有人说中国老百姓还能容忍 4.5% 的高通货膨胀率。

王牧笛：在前不久的一个财富博览会论坛上，我们的厉老先生也说 3% 的通货膨胀率这个警戒线是适用于西方的，但是中国的通货膨胀警戒线不应该局限在 3%，可以提高到 4.5%。

郎咸平：对。不过我希望政府不要听他们的，听我们的。

李　银：我就怕听他们的。

王牧笛：他们对于民众的忍受能力，做了一个数字化的理解。我想问问这个4.5%是怎么来的呢？

郎咸平：不晓得。

李　银：他们的意思是要先保证经济增长，然后再考虑通货膨胀怎么控制。这等于说是一个长工给地主打工，然后地主说，我今年要盖另外一个房子，你就不用涨工资了，你就忍忍吧，忍几年好了。

郎咸平：晚几年再给你发工资。是这个意思对不对？还有吴敬琏，他在说春运问题的时候就说，火车票涨价就能解决春运问题。这有点荒谬，你把这个涨价看得太容易了，涨价大家就不坐了？哪有这种规律？这根本就没有考虑到涨价所造成的社会影响有多严重。

王牧笛：所以最近这个百度百科新增加了一个名词，上面写着这个名词出自《财经郎眼》，叫"宠物经济学家"，下面还有一系列"宠物经济学家"的"宠物言语"。我们刚才说的几个言论可能会不断地被增补上去。

李　银：不过好在中央政府还是看到了这样一个趋势，前段时间温总理已经说了，今年的国务院工作会议已经把抑制通货膨胀作为一个重要的工作议题。他说的是抑制，说明通胀已经出现了，所以要抑制，而不是预期，这是其一。其二是他确实要做点事情，去平抑物价，保护百姓的生活。

现代版的“多收了三五斗”

非常遗憾的是，在过去的15年中，农产品的价格指数上涨了2.27倍，但是食品的价格只上涨了2.15倍，成本上涨远远大于产品价格的上涨，所以农民在这波农产品上涨中基本上没有得到实惠。

王牧笛：姚景源也有一个解释，他说现在有三个因素可以抑制通胀，一个是农业丰收和粮食增产；二是产能过剩；三就是2010年中国经济的最大难题是总需求不足，在这种情况下通货膨胀也很难发生。咱们先说第一个，就是所谓的粮食增产或者农业丰收。我们发现现在什么都在涨，但是主粮还是基本不涨的，因为国家补贴得很厉害。

郎咸平：没错。

王牧笛：粮价涨，百价涨。这是我们最大的一个担心。

李　银：一般来说政府不会让这种事出现的，我们有个中储粮仓库，需要的时候，它是会抛出来平抑价格的。

郎咸平：不过非常遗憾的是农产品价格上涨并没有让农民受益。举个例子，1998年到2008年这十年间，食品价格上涨了，可是城乡之间收入的差距，1998年的时候是2.5倍，2008年变成

了 3. 31 倍。也就是说农产品价格上升之后，城乡差距更大了。所以这 15 年来的问题是农资，就是成本在上涨，涨了 2. 27 倍，但是农产品价格只上涨了 2. 15 倍，成本上涨远远大于产品价格的上涨，所以农民在这波农产品上涨中基本上没有得到实惠。

王牧笛：所以说增收其实就是现代版的“多收了三五斗”，对农民来讲于事无补。 第二个，姚景源认为产能过剩会有力地抑制通货膨胀的发展。

郎咸平：理论上讲，这是对的。

李　银：你要看什么行业的产能过剩，如果是钢铁业，它能够抑制通货膨胀吗?

郎咸平：所以说，我们现在的产能过剩是非常有意思的，什么都在产能过剩。比如说农药，产能过剩 60% 左右；不锈钢，产能过剩 60% 左右，都是很严重的产能过剩。有意思的是农药产能过剩，但农产品价格照涨。

王牧笛：第三个就是中国的总需求不足，所以通货膨胀很难发展。

郎咸平：这个本来就是。不过讲到最后，还是我刚刚讲的这三个原因。问题是碰到通货膨胀之后，老百姓应该怎么办？买房就成了抵御通货膨胀的一个比较好的办法。

李　银：这些年每年都有 4000 亿的美金流入中国，就是所谓的热钱。 这些钱都往哪儿去了？ 往地产去了。 所以造成央行被动发行的人民币数额惊人。

郎咸平：对。

李　银：可是如果地产不能够再充当蓄水池的功能的话，它就会往物价，就是产品那边走了。可很多人认为现今的限购令可能不是一个长期的政策，比如说明年可能会取消。那这些钱都盯着这个呢。比如说罗杰斯，他认为目前中国不适合投资，因为有物价的通货膨胀，所以要等着，将来地产这块再开放的时候，还可以再投。

郎咸平：**所以说，你一开放，它又要狂涨了。**

李　银：这是一个悖论，你很难去调整它。

王牧笛："二战"的时候，上海的房地产都没有降过价，它是一个很好的保值的方式，但是现在的问题是，中国有那么多的所谓"流着眼泪的穷人"，有多少人有这种买房的能力？另外一个，如果大家真的是挤破了头去买房子，反而会进一步恶化民生，它会进一步抬高房价。

郎咸平：**所以这让我们非常地担忧。按照亚洲历史来看，买房最能够抵御通货膨胀是不是？我再说说股票，我们刚才也讲过了，股票价格的波动不是因为通货膨胀而波动的，它是因为其他原因。还有黄金，黄金价格的波动是我刚才讲的两个因素，一是大家对全世界货币增发失去信心；二是黄金跟美元之间的挂钩。所以这都不是真正为了应付通货膨胀的。最后我们投资人的选择是什么？银行存款，或者是银行发行的有固定收益的理财产品。就这四个选择。**

李　银：教授，我不认可银行存款能够抵抗通货膨胀这种说法。

郎咸平：抵抗不了的。

李　银：我举个例子，比如说你存 1 万块钱，存 5 年，根据加息以后的利率计算，你大概有 2000 多块的利息，折算下来，一年才 400 多块，这抵抗得过物价上涨的速度吗？ 根本抵抗不了。

郎咸平：**物价上涨太快了。我碰到一个很有名的主持人，当然我不说他的名字，他跟我说，他在上世纪 80 年代末期手里就有上千万人民币，当时他是出于保守的心态把钱存在银行里，到现在还是这么多，但是，在当时他要把这个钱拿去买房的话，可以买下两栋楼。**

李　银：现在买一套房就差不多了。

郎咸平：**一套都买不到了。这就是存在银行的结果。**

李　银：很多人也说，可能最后的出路就是考虑中国的战略大转移，就是怎么样调整产业结构。

郎咸平：**那如果调整不了呢？**

李　银：就是这个问题。 这只是指了一个方向，但是能不能做到，还要看他们了。

郎咸平：**这个太难了，这个调整不了的。**

王牧笛：我们最后探讨的一个问题，也是很多民众感兴趣的一个话题，就是未来通胀的可能性有多大？ 现在我们进入了第四季度，前三季度的数据都出来了，很多人惊呼说已经进入了通胀的时代，现在是 3.6%，那会不会还往上升，一旦升到比如说 6.3%，怎么办？

郎咸平：在80年代末90年代初的时候，老百姓还比较相信统计局公布的数据，还比较靠谱，百分之十几的通胀率，它都公布过。

王牧笛：两位数通胀。

郎咸平：但是现在，即使真的达到了这个数字，我相信它是不会公布的。

李　银：现在是要保证3%左右，这是个警戒线。

郎咸平：对，大概会是3.2%、3.3%左右。

王牧笛：当然按厉老先生说4.5%是警戒线的话，它还是会适当地调一下。

郎咸平：对，有可能是4.2%、4.3%。

王牧笛：操作一下。

李　银：在这方面，我可能比较相信谢国忠的说法，他说其实物价上涨的速度已经超过两位数了。

郎咸平：不止你相信，我也相信，而且我相信一般老百姓也是这么想的。

王牧笛：所以这就是为什么谢国忠不在“宠物经济学家”的行列，是有原因的。

李　银：他属于“愤青”的行列。

第七章

什么才是深圳的灵魂

2010 年 8 月 26 日对于深圳而言是一个历史性的节点。 30 年前的这一天，深圳经济特区宣告成立，深圳人以“杀出一条血路”的勇气一次次突破旧观念的束缚。 1983 年 7 月，新中国第一只股票由深圳市宝安县联合投资公司发行，深圳成为中国证券市场的先行者。 此后，深圳落下了新中国土地拍卖第一槌。 同一年，《深圳市临时工社会保险试行办法》为外来工提供了做梦的资本与保障。 前 30 年的深圳成为无数人的圆梦之城，任正非、王石、潘石屹等人从这里开始了他们各自的现代企业梦，开创了一个辉煌的时代。 然而走过黄金时代，而立之年的深圳站在 30 年的历史节点上却面临着特区不特的“成长烦恼”和“转型阵痛”。

深圳特区为何不“特”

30年，深圳从一个不起眼的小渔村成长到一个国际化大都市，史诗一般。30年后，而立之年的深圳已经没有冲劲了，也就是说，30年前急行军式的高速发展背后的这种动力没有了。

（嘉宾介绍：阎肖锋，资深媒体人）

王牧笛：郎教授、肖锋兄，今天是个好日子，深圳特区30年了。这30年可以说是整个中国改革开放的一个缩影，有光荣、有梦想，也有漫天的争议。当下的一个争议，也是这些年媒体所制造的话题，就是所谓“深圳，你被谁抛弃”。这个“抛弃论”现在风生水起。还有很多人关注的一个话题是，深圳特区不“特”了之后，前路何方？那咱们《财经郎眼》也不能失语，咱们今天也评说一下特区的前30年，但更重要的是建言特区未来道路的发展。

先看一个短片：

2010年8月26日对于深圳而言是一个历史性的节点。30年前的这一天，深圳经济特区宣告成立，深圳人以“杀出一条血路”的勇气一次次突破旧观念的束缚。1983年7月，新中国第一只股票由深圳市宝安县联合投资公司发行，深圳成为中国证券市场的先行者。此后，深圳落下了新中国土地拍卖第一槌。同一年，《深圳市临时工社会保险试行办法》为外来工提供了做梦的资本与保障。前30年的深圳成为无数人的圆梦之城，任正非、王石、潘石屹等人从这里开始了他们各自的现代企业梦，开创了一个辉煌的时代。然而走过黄金时代，而立之年的深圳站在30年的历史节点上却面临着特区不特的"成长烦恼"和"转型阵痛"。

王牧笛：30年，从一个不起眼的小渔村成长到一个国际化大都市，史诗一般。首先要请教教授，这史诗一般的奇迹，它的关键点在哪里？

郎咸平：为了做这个节目我最近看了大量的报道，包括很多专家、学者、媒体评论员谈论的所谓深圳特区不"特"的问题。看了以后，我有一个感觉，就是大家都没有抓住重点。比如说深圳的政府机关，以前大概是4个衙门，现在是40个。还有以前的一些金融方面的政策，比如说90%的外汇可以由企业自行决定；外资银行提供存款服务的时候可以自行厘定市场化的利率等比较弹性的机制，因此培养出一个比较好的、为企业服务的银行，比如说招商银行。包括刚才小片里讲到的，任正非、马化腾这些当时年轻的创业者，几十万就可以创业。我们现在谈的都是这些技术性的细节，就是深圳当时做了什么事情，为什么这些人会出来，为什么现在都没有了，我们现在要做的事情应该是鼓励创新、继续改革深化等等，当然这些话都没有错，可这都是表面的问题。到现在为止，没有一个人谈到深圳的灵魂是什么？也就是人家成功的灵魂是什么？现在失败的灵魂是什么？将来又该如何寻求灵魂？我认为这才是我们应该考虑的题目。

阎肖锋：我觉得“三十而立”的深圳实际上还应该保持一种年轻人的冲劲。刚才教授说的问题，其实就是说现在的深圳已经没有这种冲劲了，30 年前急行军式的高速发展背后的这种动力没有了。

王牧笛：所谓那个锐气没有了。

阎肖锋：锐气没有了。这个我觉得是那个“魂”，魂的东西如果没有了，你其他的那些都是表面的东西。

郎咸平：你知道锐气为什么没有了吗？深圳当时成功的原因是什么？其中最重要的一条就是强调深圳的差异化。但是我们现在所有媒体都在谈什么？谈深圳的同质化，完全搞反了。什么是差异化？当时全国的基本路线都是“一个中心，以经济建设为中心；两个基本点，坚持四项基本原则，坚持改革开放”，对不对？

好，那么在这个口号的驱动之下，你会发现深圳是全中国唯一一个不受当时政治制度、政治气候影响的城市。每一个到那边去的人都是为了追寻一个梦，包括去那里的一些领导、政府官员，也都是为了追寻一个梦。而且，当时的政府是一个关怀型的政府，关怀的是老百姓的食、衣、住、行，关怀的是企业家的创新。这就是为什么当时能有这么好的制度，当你是一个关怀型政府的时候，你就会想到去如何帮助别人。

王牧笛：用现在的话，叫服务型的政府。

郎咸平：对的。而我们目前真正缺乏的就是这个关怀。现在的各级政府所追求的是什么？国内生产总值，还有政府的财税收入，包括深圳。那我请问你，今天的深圳跟其他城市有什么不一样吗？

王牧笛：其实刚才教授说到一个关键的因素——人才。现在深圳在人才方面基本没有优势了，当年是“孔雀东南飞”。

阎肖锋：就是发财到广东。刚才郎教授说到政府和社会的关系，当时深圳是小政府，小到什么程度呢？小到刚才说的只有四个衙门，现在基本不可能了。还有一点，政府管得少实际上就是一种关怀。我的印象是当时的深圳集中了全国的我们叫有野心的人，就是有想法的人都去了深圳。而当时这些深圳的拓荒牛，或者是这些功勋卓著的元老，也都是体制内的反叛者，包括梁湘、袁庚，都是久受原有体制压抑的人，所以他们的反弹非常强烈。这批去深圳闯荡江湖的，企业家也好，一般的打工仔也好，他们也都是受旧体制的束缚已久，他们就是想在深圳那里闯出一片天地。

郎咸平：**当时的深圳就是让这样一批受旧体制压迫的人到了那里，能够释放他们的生产力，这是非常重要的一点。**

王牧笛：教授的意思是特区的“特”，其核心点在于差异化。它与别的地方不一样，正是由于有了这种不一样，我们才叫它“圆梦之城”。

郎咸平：**对。刚才说到一批年轻人，其实不光是咱们小片里说的，还有很多咱们没有提到的。那这些年轻人为什么到深圳才能圆梦？就是因为那时候只有在深圳才能不受当时体制的限制跟束缚。**

阎肖锋：我觉得那个时候可以比作是“五月花”号到新大陆的那种感觉，大家都去遍插小旗，说这个地盘就是我的，是一种闯劲。 刚才说到特区之“特”就是差异性，包括体制上的这种差异性。 实际上当时大家是在暗地里较劲，跟谁较呢？ 跟香港较，因为香港近在咫尺，那我就做给你看一看，我也能成为世界之窗，就是当时的这股劲儿现在没有了。

郎咸平：而且当时的政府对于人民的关怀，对于企业家的关怀，和现在是不一样的。

阎肖锋：因为他们之间有一种契约关系，就是因为这个城市是凭空造出来的，是企业家的双手跟一般老百姓的双手，还有政府一起把这个城市打造起来的，这样的话，这个城市就是属于大家的。

郎咸平：而且企业、政府官员都是融为一体的。也就是说，当时是邓小平给出了一个非命题的作文，你写什么题目都无所谓，写什么内容也无所谓，而且可以失败。

王牧笛：你可以在一个空白的纸上随便写文章。

郎咸平：其实这就是把政府官员、企业家、老百姓统统捆绑在一起了，他们要共同创造出一个有内涵的作文题目，在这个情况下，他们就会我帮助你、你帮助我，政府官员在这个时候能得到最大的满足，因为它的政策可以帮助企业成长，可以让这个命题更完美。

王牧笛：而且对于这种体裁自拟的非命题作文，是容许你得满分，又容许你得零分，有很大的变性。 但是，走到今天似乎各个市，包括深圳这个所谓特区，都是命题作文了，有统一的命题，有一个评分标准，比如说国内生产总值。

郎咸平：对。我们现在也是“一个中心，两个基本点”。

“一个中心”是“以招商引资为中心”，“两个基本点”是哪两个基本点呢？一个是以国内生产总值增长为增长点，另外一个是以税收为增长点。变成这种情况了。这和广州、上海、北京有什么差别呢？都是一模一样的。所以今天我到深圳去，跟我到上海去没有什么差别，因为各地政府都是一样的。所以说今天的深圳已经完全变成一个和我们其他非特区一模一样的城市了。

阎肖锋：所以特区不“特”并不是指的税收方面，而更多的是它的观念，现在并不比其他地方有优势。

深圳为何被抛弃

深圳现在就相当于是一个中年人，开始有肚腩了，也不愿意去跑了，已经开始考虑自己的下半生了，这样下去，这个城市是很要命的。

王牧笛：包括刚才教授说到的深圳精神，其中一个很重要的方面是可以低成本创业，或者说是一个可以不断试错的城市。而现在而立之年的深圳，谁敢犯错呢？

当年华为的任正非转业回来，到南油集团下面的一个电子公司当了一个副总经理，被人骗了200多万元，被公司开除了，之后才联合了几个小兄弟在南油新村的一个居民楼里创造了华为，几次失败，几次打拼，才成就了现在的华为。

郎咸平：现在如果200万元没收回来，就得判刑，你就完了。

阎肖锋：还有万科的创始人，最早是倒玉米的，如果现在，就可能会按照投机倒把之类的名义制裁你。包括现在说起的原罪，联想的原罪有没有？也有，当时柳传志就是带着一批人在深圳那边倒电脑，很多在北京做不了的事情在深圳就可以做，那时候北京中关村的电脑全是深圳过去的。我有两个同学专门做这个的，后来做得很大。就是因为深圳给了你一个空间，就是说只要法律没有明确规定你不准做的，你都可以做，允许大家去试错。现在就不一样了。

郎咸平：我们可以说现在更规范了。

阎肖锋：对。

郎咸平：更规范的结果就是深圳跟别的地方一样了。

阎肖锋：也就老了。

王牧笛：当年的深圳，比如低成本创业，马化腾50万元就创造了一个腾讯QQ，而今天50万元在深圳可能只够买一个卫生间的。

阎肖锋：只能付一个首付。

郎咸平：还是比较差的房子。

阎肖锋：所以，很多人回顾深圳的历程都不能避开刚刚你提到那个《深圳，你被谁抛弃》这个帖子。

王牧笛：这是2004年的时候。

阎肖锋：对，这么一个帖子在当时被上万人点击，然后引起大讨论。

王牧笛：当时是一个小伙子，他被深圳抛弃了，找不到工作，失意了，然后就愤恨地写下《深圳，你被谁抛弃》。

阎肖锋：我们采访过这个人，网名是“我为伊狂”，后来去当了记者，他的本名叫呙中校。

郎咸平：他现在在《亚洲周刊》。

阎肖锋：他当时一个是有感于他被深圳抛弃，另外一个是他看到了大量的深圳企业北移，就是说深圳没有吸引力了。这说明一个什么问题呢，说明一个城市，尤其是像深圳这种年轻的城市，要能吸引年轻人，才能够保持这个城市的活力。如果年轻人把它抛弃掉了，那毫无疑问，这个城市的活力就没有了。

郎咸平：我再补充一下，就是深圳当时的成功是邓小平的睿智，他体会了一个所谓的差异化精神，比如说以一个电池为例吧，正负极都有几伏特的差异，所以这个电池才有价值，那你有没有想过，如果正负极没有差异了呢，这个电池是不是就没有用了？所以说，目前深圳的问题就是从过去邓小平时代所推动的差异化变成了现在的同质化。

王牧笛：而且这个特与不特，还包括咱们之前聊过的那些城市病，深圳也是一样的。比如说房价居高不下，有网友调侃，一个是说“深圳，你被谁抛弃”，还有一个是“深圳，你把谁抛弃”。

阎肖锋：那是2009年和2010年，那个时候就是“深圳，你把谁抛弃”。年轻人进深圳的门槛，或者在深圳生活的门槛居高不下，包括住房、就医、就业各种各样的难，所以年轻人肯定是被深圳抛弃了。

王牧笛：就等于这二三十年里，这些有锐气的年轻人跟深圳这个城市的蜜月关系一去不复返了。

阎肖锋：对，深圳现在就相当于是一个中年人，开始有肚腩了，也不愿意去跑了，已经开始考虑自己的下半生了，这样下去，这个城市是很要命的。

王牧笛：而且当年深圳这个“圆梦之城”，或者“筑梦之城”，还有一个现象，就是90年代的“安子现象”，一个20多岁叫安子的女孩子。

阎肖锋：打工仔文学的代表。

王牧笛：她穿着妈妈做的花布衣裳，就跟她的表姐从广东的梅州来到了深圳，经过了若干年的打拼，1992年被评为深圳“十佳青年”，写文章、当董事长，她是从一个插件女工一步一步走过来的，她可能做梦都没有想到自己能够成为一个城市的象征。

阎肖锋：当时深圳的一个口号就是“从打工仔到董事长”，这是一句对当时很多人都很有吸引力的口号。

王牧笛：当时安子还说了一句话，说在深圳太活跃了，每个人都可以成为太阳。这是当年深圳的一个景象。而且当时所有在深圳的打工者都有一个共识，就是在深圳你只要付出、只要努力，就一定有收获。

郎咸平：现在就不是那么回事了。

阎肖锋：现在光是一个房价就能消灭多少个马化腾，对不对？所以给我印象很深应该是在2003年的时候，凤凰卫视做了一个专题片叫《深圳爱人》。因为凤凰卫视也是从深圳起家的，那期的主持人是吴小莉，她就把深圳这个城市跟年轻人的关系比作是一种恋爱关系，这种恋爱关系在2003年的时候出现了破裂。但之前他们是非常好的互帮互助。

郎咸平：就是我们刚才讲的这个话题。

阎肖锋：然后就是互相抛弃了。要么是我抛弃你，要么就是你抛弃我。很微妙。

郎咸平：因为2003年之后整个体制开始转型，开始和其他城市一样，没有它自己独特的追求了。

阎肖锋："国进民退"也是从那个时候开始的。

郎咸平：那个时候就是深圳持续下滑的开始。

王牧笛：所以媒体评论说当年是"黄金时代"，这段时间是"迷惘时代"，深圳开始迷失了。

郎咸平：这个"黄金时代"的主要特征是什么？按照你刚刚讲的这个话，就是当时的差异化，这个差异是怎么形成的呢？就是由一种恋爱关系形成的。也就是说，用一个爱，一个对别人的关怀，让企业家、工人跟政府官员在一个屋檐下，大家对未来都有很多畅想。你政府不需要太多的干涉，四个衙门就可以了，然后推行得非常顺利。

王牧笛：当时大家去深圳的时候，那里满地荒凉，都是土坟堆，就是在这样的土地上建起来一个现代化城市。

郎咸平：对，可是到了2003年之后，这种恋爱关系被一刀斩断，之后，特区的优势就随风而去。

阎肖锋：郎教授刚才提到这个差异化，就是差异化竞争。我记得"混沌理论"里面讲过，就是当一个个体想不被它的母体同化的话，就需要有两个条件，第一，自己足够强大；第二，坚持的时间足够久。你像梁湘、还有袁庚，包括这批知青，他们都是深受旧体制之害的人，有很强的反叛性，反弹很厉害的，所以他们那种冲劲能一直坚持，坚持到2003年、2004年。

王牧笛：包括之前来咱们节目聊天的禹国刚，禹老爷子，他是深交所创始人。他也是当时自己到广州迎宾馆参加日语考试，然后就被选拔到国外去考察证券市场，回来就成为领导干部了。

郎咸平：现在哪有这样子的呢，干部轮调跟别的地方有什么差别？都一样了。它这个差异化最后在体制面前瓦解了。

王牧笛：我们刚才说一个关键词，叫特区不特，人才只是其中一方面，现在"北上广"的人才可能不比当年的深圳差。还有金融，一直是开放的金融中心，这是深圳引以为自豪的。但是现在连重庆都能成为花旗银行的离岸金融中心。

郎咸平：人家都不来深圳了。富士康都跑了，它也不留在这边了。

王牧笛：所以深圳市委党校的副校长在接受记者采访的时候就坦言，深圳不特，能从最直观的经济数据中看出来，理论上讲，特区的经济增长速度应该很快。结果最近这几年，天津的经济增长率都在16%以上了，而深圳每年的国内生产总值增长率还只是11%，单从这个方面来看，它也不够特了。我记得2005年，时任深圳市委书记的李鸿忠也曾经公开表示说，深圳保持经济快速增长明显受到四大因素制约，土地空间受限、能源和水资源短缺、人口压力、环境承载力这四大难。

所以说，特区不特之后，前路堪忧。

阎肖锋：实际上我一开始并不是要来广州的，我是想去深圳的，没去成，可能就是我还不够有野心。对于深圳和广州，当时有一个很形象的比喻，说深圳是一个疾走的青年，而广州是一个蹒跚的老者，就是说广州是一个体制内的老人，明显是追不上深圳的，但是这么几年下来，我发现深圳实际上跟广州差不多了，都有点蹒跚而行了。而且某种程度上讲，广州有时候可能还要比深圳走得快点。

一开始我会觉得很后悔没有去深圳，现在觉得去了以后也不过如此。我估计我这种可能是比较有代表性的。你刚才说的所谓四大难题其实都是表面现象，最重要的还是这种老人心态出现了，这是一个非常危险的信号。

郎咸平：而且这个老人心态是怎么来的？是因为被体制所征服，才产生了老人心态。

深圳的希望：洛杉矶之路

洛杉矶跟我们现在的深圳一样，没有土地了。那没有土地，接下来如何开发、如何发展？现在的洛杉矶在政府的主导下，充分利用空间发展专业市场，重新定位了自己的国际化都市之路。而今天的深圳，如果当地政府的态度不改变，还是追求国内生产总值的话，就不会有新的深圳。

王牧笛：其实30年对于人来讲可能是一个比较长的时期，但是对于城市来讲，30年真的不算什么，相当于青春期还没有过。咱们可以做一个跨越太平洋式的联想，比如说美国洛杉矶跟旧金山，洛杉矶当时是制造业的一个重镇，后来开始华丽转身，而且在很大程度上，洛杉矶就是在超越旧金山的基础之上成为了美国西海岸最大的一个城市。

郎咸平：不过你要晓得，洛杉矶之所以能够成为洛杉矶是因为它的市长是民选的，经民选产生的市长跟整个社区是融合在一起的，社区好，他才能做得好，所以美国的问题就非常简单。表面上看起来，洛杉矶政府对于保护好莱坞文化不遗余力，甚至联合美国政府跟全世界各国打官司，包括跟中国，洛杉矶政府甚至帮助好莱坞取得了英国、拉美国家文化方面的垄断权，也就是说，政府出面保护它的文化产业。它为什么这么做呢？它为什么不去追求国内生产总值，为什么不去招商引资呢？它这种对文化产业的爱是怎么来的？就是透过一个民选的政府把大家捆绑在一起了，就像当年的深圳一样，大家捆绑到一起，为了一个共同目标而努力。此外，洛杉矶跟我们现在的深圳一样，没有土地了。那没有土地，接下来如何开发、如何发展？但是现在的洛杉矶就在政府的主导下，充分利用空间发展专业市场。他们有个时装区，横跨82条街区。你想想看，在这么一个大城市里面，要横跨82个街区，就拆迁这点，你晓得政府要动用多大的力量吗？可能要跟每一个业主去协调，那是非常复杂的工作。洛杉矶为什么愿意做？就是因为他们有共同的目标。

阎肖锋：华为“基本法”里面有一条，就是土地和森林总有一天会枯竭的，但是人大脑里面的土地和森林是不会枯竭的。洛杉矶就是开发了人大脑里面的森林和土地。

郎咸平：这其中一个基本的原则就是因为这些做规划的人，包括他们的市长，跟洛杉矶的老百姓、企业家是一种恋爱关系，就像30年前的深圳。你知道吗？

王牧笛：用英文词来表示就是“care”，操心。

郎咸平：对，他非常“care”你。

阎肖锋：对，而且他就是一门心思要做得跟别人不一样，我们现在是被同化。

郎咸平：所以它是从一个同质化变成了一个差异化，而我们深圳是从一个差异化变成了一个同质化。

王牧笛：所以你会发现洛杉矶跟纽约，跟旧金山，跟华盛顿都有一个不同的功能定位。

郎咸平：就是差异化。

阎肖锋：实际上最后它还是有国内生产总值的，就是说它只要是把刚才说的这种企业、老百姓、政府的关系维护好了，国内生产总值就顺带而来了。

王牧笛：2009 年洛杉矶一个市的国内生产总值跟广东省一样多。

郎咸平：我们不一样，我们是倒过来了。

阎肖锋：我们是为了国内生产总值而国内生产总值。

郎咸平：对，我们为了国内生产总值到处拆，到处建。

阎肖锋：反而把这个关系给搞砸了。

郎咸平：就是因为你这种态度，你不在乎，不操心，企业才跟你疏离。所以说，今天只要我们这个深圳市政府的态度不改变，还是追求国内生产总值的话，那这个恋爱关系就不可能恢复，不恢复的话，你就不会有新的深圳。

王牧笛：其实操心只是一个手段，最终目的是营造一个良好的营商环境。

郎咸平：你在乎，你才会去营造好的环境。如果你根本就不在乎，或者你有别的目标的话，你就不会去管它了。所以这才是目前深圳的危机。

王牧笛：深圳现在面临的困境跟当年的洛杉矶是一样的，就是所谓的制造业衰退。 最近很多金融人才、制造业人才开始北上，所以它现在需要转身。

阎肖锋：就是多培养几个马化腾和任正非。

郎咸平：必须把他当成恋人来在乎，你才能够培养出来。那我请问你，如果你们不再是恋人关系，怎么办？

王牧笛：现在深圳市要打造的新世纪三个支柱产业，是新能源、互联网，还有生物医药，它把这三个作为支柱性的产业。

郎咸平：你说这个和上海、江苏、浙江有什么差别？都在打造这几个。你深圳有什么特殊的呢？

阎肖锋：现在你高新区、开发区，基本都一样，高楼大厦，很宽的马路。实际上我宁愿看到一个比较乱七八糟，但是很有活力的城市，就像30年前的深圳。现在的城市都是高楼大厦，冷冰冰的那种界面。

王牧笛：所以这就是双子城——广州跟深圳的一个区别，很多人喜欢广州、不喜欢深圳的一个原因就在于深圳三条笔直的大马路、摩天大楼、现代化的建筑，积木一样的城市。

阎肖锋：中关村也是一样。

王牧笛：马尔库塞的《单向度的人》里面说的，西方资本主义国家变成了一个冷冰冰的笼子，大家都是同一副面孔，在这个城市里生活没有任何的趣味。

阎肖锋：你看所有这些创意型的公司，包括高科技企业，它的办公室都是乱七八糟的。它一定是在一个比较乱，但是很有活力的氛围下。其实我们需要的就是一种创新的生态，有了这种生态，才会有新的意念出来，如果说你再把这些东西撤掉，只是单纯地把一个什么技术创新、产业升级拎出来是没有意义的。

王牧笛：所以刚才说的互联网、新能源和生物医药，是进入了一个命题作文的窠臼。

郎咸平：对，就是我们前面讲的命题作文。

王牧笛：就是它也在迅速地奔向同质化。

郎咸平：对。

阎肖锋：刚才说到双子星城，洛杉矶跟旧金山是这种关系。实际上国内很多城市也是这样的关系，深圳和广州，青岛和济南，大连和沈阳。

王牧笛：北京和天津也算。

阎肖锋：还有以前的，就是没有分开之前的成都和重庆，一个老大和老二的关系，老大比较傻乎乎的，但是比较稳重；老二比较精明，腿脚比较快。青岛、深圳、大连都属于腿脚比较快的老二，老二就应该比老大跑得快才行，一个守内，一个攻外，相互配合，这个家才能兴旺。现在变成什么了？老大、老二一样了，都愿意窝在家里头，不愿意出去。

郎咸平：那就同质化了。

阎肖锋：这很要命的。所以如果要我给深圳一个建言的话，就是下一个 30 年应该二次发育，而不应该到老而立，还应该继续保持青春。

王牧笛：在一个新的起点再次闯一把。

郎咸平：再闯可以啊，按照我们前面讲的，官僚体制再次退出，给深圳一个完全的活力。你不要再谈发展什么创意产业，这都不是你政府该谈的事，你政府应该给深圳一个最良好、最优秀的投资营商环境，让他们自己想发展什么，让他们自己思考，像30年前的深圳一样。你不要又来命题作文。

王牧笛：深圳市委书记王荣在《人民日报》上发表文章就说，如果用一个字来评点深圳过去的30年就是“闯”，一个是闯“禁区”，就是刚才说的旧体制；一个是“盲区”，还有一个是“难区”。当初就是因为闯了这几个区，才成就了今天的深圳。所以说这个所谓的二次发育，其实就是再一次闯，是一个勇于闯的深圳。

阎肖锋：“闯”，一个门字里面一个马，以前是这匹马已经跑出这个大门了，现在是这个马又跑回来了，现在的问题是必须要让它再跑出去才行。

郎咸平：所以一个更重要的问题是怎么能让它跑出去。

第三部分

企业困境

第八章

达芬奇的哭泣

2011 年 7 月 10 日，央视《每周质量报告》播出《达芬奇天价家具“洋品牌”身份被指造假》。将国内最具影响力之一的家具高端品牌“达芬奇”推到了风口浪尖，国内舆论一片哗然。京沪粤等地的工商部门正联手对“达芬奇”各种经营行为展开调查。产品质量、原产地、出口转进口等诸多疑问拷问着“达芬奇”等在中国的假洋鬼子。7 月 13 日下午，“达芬奇”在北京召开新闻发布会，总裁潘庄秀华声泪俱下的画面，被网友结合大画家达芬奇的世界名画《蒙娜丽莎的微笑》PS 为《达芬奇的哭泣》。

达芬奇为什么要“一日游”

为什么国外的货在中国卖这么贵？我们很多人把它理解为税重，不是这么简单的，而是中国的这种垄断性定价权已经完全被国际品牌垄断了，它可以在中国随意定价，定几倍的价格，我们竟然没有人有异议。

（嘉宾介绍：王福重，知名学者）

王牧笛：郎教授、王老师，最近有一个帖子在微博上特别地流行，说因为达芬奇，郭美美只火了两个星期；因为赖昌星，达芬奇只火了一个星期；因为动车，赖昌星只火了半天。所以说，我们媒体人特别累，因为每天都发生了太多太多的新鲜事儿。公众也特别累，随着媒体人目光的转移，他们也在追。神奇的国家，每天都有奇迹发生，铁老大、郭美美、赖昌星这几个大佬还没退场呢，双色球、“三公”支出又来这个舞台上凑热闹。毛主席教导我们说“宜将剩勇追穷寇，不可沽名学霸王”，所以我们对一些旧闻还要继续地观照一下，对于达芬奇，咱们不抛弃、不放弃，今天我们再度追问达芬奇。

看个短片：

2011年7月10日，央视《每周质量报告》播出《达芬奇天价家具“洋品牌”身份被指造假》。将国内最具影响力之一的家具高端品牌

“达芬奇”推到了风口浪尖，国内舆论一片哗然。京沪粤等地的工商部门正联手对“达芬奇”各种经营行为展开调查。产品质量、原产地、出口转进口等诸多疑问拷问着“达芬奇”等在中国的假洋鬼子。7月13日下午，“达芬奇”在北京召开新闻发布会，总裁潘庄秀华声泪俱下的画面，被网友结合大画家达芬奇的世界名画《蒙娜丽莎的微笑》PS为《达芬奇的哭泣》。

王牧笛：达芬奇是个假洋鬼子，被验明正身以后，有三个人哭得最厉害，一个是达芬奇他老人家，人家的国籍明明是佛罗伦萨，现在成了东莞籍了。一个是郭敬明，郭敬明去年年底每天都在纠结，到底哪款电脑可以跟他家的达芬奇家具“每天相处而不自卑”。还有一个就是达芬奇的老总，这位女士现在很有名，叫潘庄秀华，她把发布会当成了恳谈会，就是说你记者跟她讲欺诈，她在现场跟你讲创业；你跟她讲赔偿，她在现场跟你讲慈善；你跟她急眼了，消费者是愤怒了，她现场给你飙泪。所以成为一幕闹剧。但是看看现在我们媒体对她的解读，可能更多地把视角放在了企业和企业家的诚信和道德层面上。我总觉得讲得不透，没在点儿上。那先请教两位老师，教授您最喜欢说本质，您是怎样一个看法？

郎咸平：其实我们在网上也看到很多关于达芬奇事件的报道，这一切问题所象征的是什么呢？我跟你讲，这已经不是一个简单的达芬奇事件，也不单单是诚信的问题，而是中国整个产业链的危机开始了，这才是真正可怕的事情，我们政府、老百姓都应该关心这个危机。

达芬奇为什么要这么做？太可怕了，原来它稍微在这个保税区“一日游”之后，可以卖到十倍、百倍、千倍的价格。是谁给予你这种垄断定价权？请你告诉我。更可怕的是，这种暴利会使得达芬奇事件层出不穷，我相信达芬奇完了之后，会有芬达奇、奇达芬出来的。想想看，同样是中国制造，“一日游”之后就可以有十倍、百倍、千倍的利润，我相信大家都会抢着去做。而且这已经是业界公开的秘密了。iPhone 也是在中国制造的，对不对？

但问题是 iPhone 这种高科技的东西，我们掌握不了它的核心技术，所以没办法。可是这个家具没什么核心技术，要讲核心也就是一个设计，抄还是可以的。

王牧笛：达芬奇本来只是个代理商，代理好多国外品牌。之后它就把一个国外名牌家具的产品尺寸照葫芦画瓢，让一家东莞家具企业生产出来。

郎咸平：然后“一日游”出来。它有 10% 以上的货品都是这么干的。

王牧笛：我们先承认并不是所有达芬奇的产品都是假冒伪劣，11 年了，它也是一个知名企业，还是进口了好多不错的品牌的。

王福重：我不认为这个达芬奇很坏。咱们公平地说，达芬奇是一家“创新型”企业。我给你总结几点，第一，它居然能把达芬奇的名字注册成一个家具品牌，就好像咱们把孔子注册成一个商品品牌一样，它胆子很大；第二，你不是喜欢原装货吗？那我就真给你来一个，我是真的原装货，真的是进口的，我从东莞拉到意大利后，我再拉回来。这是一种创新。中国人不是喜欢海归吗？那咱的家具也海归了，你看你牧笛要到美国转一圈，回来就算海归了。

王牧笛：混一个克莱登大学的博士。

王福重：教授也是海归。还有一点，就是过去的骗子们胆子太小，就是创新能力太差。过去的胆小就是说规模很小，偷偷摸摸在一个地方黑灯瞎火地卖东西。达芬奇就不是这样，它首先进行了市场细分，就是对准高端人群。你不是有钱了吗？你不是明星吗？你不是有几千万的别墅吗？你总得配家具吧，那你配个几十万的家具算什么呢？你房子贵，家具也得贵，这才显得咱这个人高贵。然后，对准市场细分，它在城市最豪华的街上、最黄金的地段，比如像北京长安街上的友谊商店，那是高贵的象征，它就把友谊商店80%的面积包下来了。你想如果我是在偏僻的地方黑灯瞎火地弄东西，你可能说我骗你，但是我在这么好的黄金地段，堂而皇之地在长安街上这样搞，你会怀疑我吗？肯定不会。所以说达芬奇突破了传统的模式，是一种创造。

王牧笛：对，整个骗术的升级，这也是一个绝对的创新。所以最近媒体调侃说这件事情凸显了富人没文化，我们天天说这些所谓的富人是国际化人才，但是你去看一看，你见过法国人会给内衣起名叫贞德吗？你见过美国人会管冰箱叫爱迪生吗？你见过日本人管汽车叫山本五十六吗？你见过意大利人管这个家具叫达芬奇吗？

郎咸平：对啊。达芬奇能够在最贵的地段卖最贵的家具给中国的有钱人，你晓得这是什么意思？这里面隐含了一个非常可怕的危机，就是我们中国人对这个定价本身是非常愚昧的，如果达芬奇能够如此随意高位定价，而且不愁客户，那国际品牌是不是也懂这个道理？因此它们在中国的定价一定是天价，一定是不合理的价格。为什么？就是因为中国的有钱人似乎缺乏对价格的理解。为了证明这句话，我找了一些证据，宝马 Z4 型车子，我们中国价格是美国的三倍；阿玛尼西服，我们是美国的两倍；新秀丽箱子，我们是美国的五倍；Levi’s 牛仔裤，我们价格是美国的三倍；奔驰一级车子，我们是美国的三倍；3G 手机，我们是美国的五倍；还有松下 54 寸的等离子电视，我们是美国的四倍；打电话，我们是美国的八十倍价格。

王福重：按照教授的说法，咱这真成了“钱多人傻”。

郎咸平：就是这个道理。你看，连达芬奇都能看得出来我们的高端市场对价格是不敏感的，那国外的企业会不理解吗？为什么国外的货在中国卖这么贵？我们很多人把它理解为税重，不是这么简单的，而是中国的这种垄断性定价权已经完全被国际品牌垄断了，它可以在中国随意定价，定几倍的价格，我们竟然没有人有异议。更严重的是，我们政府对这种剥削中国消费者的垄断性定价有没有过制裁呢？有没有过监管呢？根本没有。就是因为这个垄断定价，才使得洋品牌的利润越来越高，才会产生达芬奇的事件。

王福重：如果说你定价只高两倍的话，我还不愿意呢。我觉得这是一个正常的行为，因为如果你不说破，这个东西是有精神价值存在的。如果你说破了，好比说郭美美那个爱马仕吧，说破了，那就是一块布，如果你厂家就说这是一块布，那大家肯定不买这玩意儿了。还有就是你拿个东西到庙里去开光了，那这玩意儿就值钱了，这就是精神的价值。所以，那些所谓的国际大牌是人家多年维护的结果，人家就是要造出一种所谓的贵族血统。

郎咸平：这个精神的价值，我是理解的。但是，王老师，你想想看，一般而言，在美国这种名牌也是比较贵的，但是到我们这里贵了三五倍就离谱了。国外的名牌为什么敢这样干？就是因为我们国家对这种定价缺乏监管。我们可以允许精神价值的存在，但你不能超过美国的水平，超过的话就是掠夺，就是垄断性定价。我觉得这一次事件充分证明了我们的监管单位对这方面是完全不理解的。

王牧笛：王老师一直在说达芬奇是一个创新型企业，我们发现它是个假洋鬼子，它在跟真洋鬼子打交道的过程中发现定价权这个东西很有好处的，所以它找到真谛了。

郎咸平：对，价格卖得越高，中国人越喜欢买，所以它找到了真谛。美国是精神层面的价格比较贵，我们是精神层面和这个不正常的心理加在一起更贵。

达芬奇的“创新”

我们以前经常说的“微笑曲线”，是说我们是在制造这个环节，人家是定价权、销售权。我们倒过来了，我们是“哭泣曲线”，我们把制造看得特别重，其他两头比较低。所以为什么说达芬奇“创新”呢，是因为达芬奇在努力地把这个“哭泣曲线”变过来，翻转成“微笑曲线”。

王牧笛：而我们那些不创新的企业在做什么呢？ 在做成本战略或者在做价格战略，在互相压低价格。

郎咸平：对，杀价竞争。

王福重：所以说按照教授您刚才的理论，我觉得达芬奇是在扭转这个东西，它是东莞制造的，但是它做的事情就是我们多年呼吁的。

郎咸平：定价权是吧？

王福重：对，产业链的高端。 我觉得达芬奇已经给我们做出了这种“开拓性”的榜样。

郎咸平：只是它这个定价权不是用自己的品牌，还是用国际品牌。

王牧笛：我们不是一直在说抄袭是创新的基础吗？ 就跟我们

小学生写作文一样，都要读小学生作文的范文，先抄袭，再自己写文章。我们以前经常说的“微笑曲线”，是说我们是在制造这个环节，人家是定价权、销售权。我们倒过来了，我们是“哭泣曲线”，我们把制造看得特别重，其他两头比较低。所以为什么说达芬奇“创新”呢，是因为达芬奇在努力地把这个“哭泣曲线”变过来，翻转成“微笑曲线”。

王福重：我觉得在中国创新的唯一表现就是山寨，山寨就是一种排列组合。而日本是真的有技术创新的，这个教授有研究。创新跟山寨的区别是什么呢？创新就在于想做长远，想注入它的灵魂，就是想把它真正新的东西加进去。比如说汽车的安全气囊，这是日本人的贡献；还有把东西做得小了，并不只是数量上的东西。所以说，中国人的思维是一种量变的思维，到质变这一步的时候，他就害怕，比如《庄子》里说“一尺之锤，日取其半，万事不竭”，他只知道万世不竭。可能他也知道极限，可就是弄不出极限的概念。中国的道士们炼丹，其实这里面是有化学的，可是它就是产生不了化学。我们早就有鞭炮了，但就像鲁迅说的，我们是拿它来敬鬼和人的，而西方却在这个基础上发明了真正的火药。所以咱们就是不会那种真正的创造。其实创新的本质是一种创造。

郎咸平：**这个创造是很重要的。我们常常说日本是靠抄袭起家的，我们完全搞错了。日本早在 1957 年就有《出口商品检查法》，其中有一条就是“保证国内产品不是西方同类产品的完全复制”，就是说它要求创新，对于抄袭不吝打击。比如说日本的尼康，它在 1957 年的主力单反照相机是 SP3，看起来很像德国莱卡的 N3，但是它有一个非常宽大的水平观察窗，能更好地满**

足经验丰富的专业摄影师对高科技的追求，这就是创新。但像这种创新，我们国内都没有的。

王福重：我们的创新是这样的，有一个饮料叫红牛的，还有一个饮料叫红午，中午的“午”，商场就把它们放在一块儿了。我们都是这样子的“创新”，这是一种欺骗。

郎咸平：我觉得我们中国人也不笨，为什么没有创新呢？

王福重：如果说是不笨的话，我说得好听一点吧，也绝不聪明。好比我们现在生活中所用的东西，什么电脑、笔记本、手机等等这些东西，有哪一个是我们发明的？基本没有。这意味着什么？意味着最近这几百年来，甚至更长时间，我们没有给人类做出任何有创造性的贡献。如果没有中国人，这个世界的生活方式恐怕还是这样，但如果没有美国人，没有比尔·盖茨，世界就不是这样了。就是因为我们不保护知识产权，不尊重创造性劳动。

郎咸平：我们写的书大部分也都是在地摊上卖，我们基本是没有版权的。搞笑的是很多人还说这个方法很好，可以解决就业问题，同时可以增加你的销路，增加一点知名度。可是他们没有看到很重要的一点，就是不保护知识产权，会给我们国家造成多少损失吗？我们做了一个计算，一个价值一万亿的文化产业，现在只剩两千亿了；一个价值一千亿的电影市场，现在只价值一百亿。我们不尊重知识产权的结果，使得中国损失2000万个高科技的职位。那如果我们尊重呢，中国的高科技文化创意产业的产值就会十倍百倍地增加，两千万的就业岗位就回来了，这可以让多少的大学生就业！我们的大学生现在能够去哪里？到政府机关做事、到银行做事，都是非常传统的行业。我请问你，我们有多少学生能够去文化创意产业？2000万的就

业岗位就这样没了。为什么？因为我们容忍抄袭，我们不尊重创新，使得我们把中国这么多年来的创造力全部毁灭掉。

王牧笛：而且这种不尊重知识产权或者扼杀创造力的行为会导致我们中国的品牌越来越沦丧。意大利媒体说，这次达芬奇事件让他们发现中国人对意大利品牌的追捧程度甚至超过了意大利人。而且这个反讽在于达芬奇本来是文艺复兴的一个象征，意味着创造力，可是我们这个达芬奇是抄袭，或者说是做了一个假洋鬼子。而且现在的中国人还没来得及反思呢，意大利先反思了，意大利有个主要的经济媒体叫《24 小时太阳报》，它说达芬奇这件事情应该成为意大利的重要新闻，因为达芬奇的质量已经被证明存在问题了，那我们真正的意大利出口商们就应该行动，共同维护对华出口产品的质量，如果意大利产品不能够保证自己的质量，意大利的品牌价值就会崩盘。它先自危起来了。

郎咸平：我们没有这个危机意识，自我感觉还都挺好的。

王福重：我说两点，一个就是我们之所以认为中国人聪明，是因为过去我们有一些发明，但其实我们过去的发明没有一个是科学发明，比如数学、物理学、化学，这些都不是我们的。我们的发明都是比较低层次的技术发明，四大发明，我们五千年发明四个。另外一点我要说的是私有产权制度，包括保护创造发明者的知识产权，这些是为什么科学会比较早地昌明在西方的重要原因，正是因为它有这一套保护知识产权的制度，才有了源源不断的发明。再看看我们，基本上每个人都在用盗版软件，这是一种什么心态？所以说我们恐怕都是要检讨的。

郎咸平：一个容忍抄袭、不尊重创新的民族，它的产业升级

一定会失败。想想看，你往哪儿升，怎么升？所以我很担心。达芬奇事件告诉我们一个非常可怕的真相，那就是一个产业链的危机。什么危机呢，就是我们中国这些传统制造业可能没有办法更上一层楼，我们就到此停住了，这是我感到的最大最大的危机。

王牧笛：因为知识产权构成了横亘的一个大山。

“兔子”如何成为“骆驼”

中国的企业跟西方的企业有个区别，中国企业像兔子，西方企业像骆驼。骆驼是有目标的，它持之以恒地、脚踏实地地往前走。兔子叫狡兔三窟，而且现在越来越体现出一个特点，就是哪个地方近，它就在哪个地方建个窟。

郎咸平：你注意到没有，达芬奇家具能够卖给这么多有钱人，也就是说很多有钱人，包括一些企业家拿那么多钱，花比欧美还要贵三到五倍的价格去买这种仿造的家具。还有最近疯狂奢侈品、艺术品、古董，都是谁造成的？还是这批买达芬奇家具的人造成的。这些钱都流入楼市、股市、汽车、奢侈品、艺术品、古董、达芬奇家具，这是什么模式？这不是我们这么多年来所追求的日本、韩国、美国、中国台湾模式，而是中国香港模式。透过达芬奇事件我们发现我们所谓的有钱人，尤其是企业家沦丧到炒楼、炒股、玩古董、玩字画这个地步了，这就是标准的香港模式。我们可以为之一哭，达芬奇事件所显示的是中国制造业已经没有转型升级的可能了，更让人担心的是，我们不但不创新，还拿这些钱浪费在一些奢侈品上。

王牧笛：这种制度的土壤和市场环境之下，对于制造业的企业家来讲，既然假的这么有市场，这么赚钱，那谁还做真的呢？ 所以有学者评论说，中国跟西方的企业有个区别，中国企业像兔子，西方企业像骆驼。骆驼是有目标的，它持之以恒地、脚踏实地地往前走。兔子叫狡兔三窟，而且现在越来越体现出一个特点，就是哪个地方近，它就在哪个地方建个窟。

郎咸平：这个就是我们讲的香港模式，所以我们很遗憾的，我们已经不会走入日、韩、中国台湾模式了，我们走入了香港模式。

王牧笛：而且这种兔子还特别多。因为媒体都在追问谁会是达芬奇第二，我就查了一下，这一查，了不得，还有挺多的达芬奇，比如说卡姿兰，大眼睛卡姿兰，它号称是法国品牌，我查了一下，发现就是我们广州的土特产；杰士邦的安全套，他说自己具有英伦的血统，后来发现也不是那么回事。还有之前曝光的施恩奶粉，满大街都是的加州牛肉面。

郎咸平：加州自己都没有这种面。

王福重：所以现在它已经改名叫李先生了。

王牧笛：因为有达芬奇在前了，这个加州牛肉面的老板自己跑美国注册了一个公司，然后再回来，也成了在美国留过洋的。

郎咸平：也是“一日游”，是美国“一日游”，跟达芬奇一样的水平，本质都是一样的。

王福重：其实我没有郎教授那么悲观。为什么呢？因为这个世界已经一体化了，创新很难，可能需要几十年，甚至更长时间，在这几十年里是光投入，没有产出。中国人可不喜欢这样，中国人喜欢立竿见影，就像高铁一样，马上就要开通。而且，现在是个技术很容易扩散的时代，你比如说新技术的手机今年刚出来，明年就全世界扩散，所以说所有的高科技产业最后都会变成劳动密集型产业。你看联想把 IBM 都吃了，它是高科技，但它同时也是劳动密集型的，最后生产这个东西的主要成本就是劳动力，中国就是人多。而且中国人还有一点，虽然不擅于创造，但是擅于学习，什么高科技的东西，一看我就看懂了，我就可以山寨了，这个是中国人很可怕的地方。

郎咸平：但是利润特低。你有没有想过一个问题，这样下去，我们就永远没有垄断定价权，到最后就是刚刚王牧笛讲的，走到制造业的最低端，仅仅成了一种成本的竞争。

王福重： 所以，正是在这个大环境下，达芬奇想出来这一招，我光在这个最低端不行，我得整点高端的。

王牧笛： 光抄袭不行。达芬奇只是替郭美美扛了黑锅，被《每日质量报告》曝出来了。其实之前有达芬奇前传，比如说欧典地板，当时也炒得非常热闹，它说自己是德国血统，后来发现也不是。还有更早的，乔丹这个品牌，其实它就是福建晋江的一个小鞋厂，在国内注册了乔丹商标，而后赶上乔丹退役，延续了乔丹的余威，所以乔丹是比达芬奇老人家更早地进入国内的。

郎咸平：我们刚才讲的这种现象不但过去有、现在有，未来还会更多，因为问题根本就没有解决，是我们的产业链危机，加上我们根本就不尊重知识产权。

王牧笛： 而且质监部门是缺位的，知识产权又是盲点，再加上您刚才说的产业链危机，很可怕的。

王福重： 我觉得达芬奇这个事情比起我们学术界的抄袭，要好多了。你想想看，不热爱科学的人混在大学和科研院所里，他们可能还不如达芬奇呢。

郎咸平：大学还有规定说要几篇论文才能评什么职称，你看那些教授都成了体力劳动。

王福重：对。如果你做一个论文，我就认为你得为人类认识世界增添新知识。如果你只是说把别人的看懂，或者是看懂了一部分，然后自己改换头面地弄了一个，现在大部分人都这么干，那这就比达芬奇的危害大得多。

王牧笛：没错，现在连我们主持人评个级别也要写论文，我现在也摇身一变，成了“科研工作者”，我最近准备了一个选题，叫“论《财经郎眼》的王老师、郎教授和我本人的谈话场”。

王福重：我觉得我们要超越，做到像您说的产业链的高端的话，我们的整个系统都要变化，好比说大学就像个大学，你必须让那些对科学精神有敬畏的人，有兴趣的人，而不是那些对权力有兴趣的人，到大学、科研院所里工作。

郎咸平：你讲得很对，就是说大学就要像大学，幼儿园像幼儿园，教授要像教授，企业家像企业家。现在我们基本都不太像。政府像政府，政府应该做你政府的工作，我们现在搞成什么样了？政府像企业，企业倒搞得像政府。

王福重：当各按其位的时候，我们一定能够做出东西来。

王牧笛：所以我们不妨做一句话的总结，就是各按其位，各干其事，各事其事。

第九章

紫金“漏水”与BP“漏油”

2010年7月3日，紫金矿业发生污水渗漏事故，外渗的9100立方米废水造成沿江上杭、永定出现鱼类死亡和水质污染现象。然而，此后9天，作为上市公司的紫金矿业却一直未对外界披露这一“重大突发环境事件”，而是选择与上杭县政府联手，以“维护稳定”为由瞒报，造成极其恶劣的影响。事后紫金矿业总裁罗映南在接受媒体采访时表示，“一开始以为这只是个小问题、小事故，最后发现却是大问题”。而回顾以往发生的危机事件，从国内的“三鹿奶粉”到“紫金矿业”，从国外的“切尔诺贝利”到“墨西哥湾”，无一不考验着政府的应对方法，从中也不难看出危机公关的概念已经渗入各国政府的活动之中，与“国家形象”息息相关。

紫金矿业的傲慢

紫金矿业对于投资者为什么这么傲慢？对于百姓为什么这么嚣张？而且到现在为止，没有一个高管出来诚恳地致歉，起码丰田章男还鞠了躬，还落了泪呢。罗映南还说，刚开始以为这是小问题，结果不小心成了大问题。这其实反映出了现在中国这些管理者的一个思维。

（嘉宾介绍：王福重，知名学者）

王牧笛：郎教授、王老师，我们今天聊一个令人纠结的话题，就是紫金矿业的污染。 其实污染并不可怕，可怕的是长达 9 天的瞒报，所以这个事件你这么看下来，其实很符合陆游和唐婉的那首《钗头凤》，错错错、莫莫莫、难难难、瞒瞒瞒。

看一个短片：

2010 年 7 月 3 日，紫金矿业发生污水渗漏事故，外渗的 9100 立方米废水造成沿江上杭、永定出现鱼类死亡和水质污染现象。然而，此后 9 天，作为上市公司的紫金矿业却一直未对外界披露这一“重大突发环境事件”，而是选择与上杭县政府联手，以“维护稳定”为由瞒报，造成极其恶劣的影响。事后紫金矿业总裁罗映南在接受媒体采访时表示，“一开始以为这只是个小问题、小事故，最后发现却是大问题”。而回顾以往发生的危机事件，从国内的“三鹿奶粉”到“紫金矿业”，从国外的“切尔诺贝利”到“墨西哥湾”，无一不考验着政府的应对方法，从中也不难看出危机公关的概念已经渗入各国政府的活动之中，与“国家形象”息息相关。

王福重：其实它瞒的不是9天，6月4、5、6号的时候，汀江就已经出现死鱼的情况了。因为当时上杭县的教育局发了个通知，让参加高考的学生不要吃这个鱼了，这说明政府已经知道了。而且在这之前，这个县政府就因此召开了一个各乡镇偷偷参加的会议，通报了这个事情。所以说从表面上看，好像是紫金矿业在隐瞒，其实不是，而是紫金矿业背后的上杭县政府。

郎咸平：紫金矿业这一家企业给上杭县贡献了67%的财政收入，所以它们两个基本上是捆绑在一起的。

王福重：对。

郎咸平：这就是一种公权力介入，但是这个公权力很有意思，它非常保护学生，怕学生吃这个鱼。我想，可能是因为他们这些领导的孩子也是在那边上学，所以说，是为了保护自己的孩子。

王牧笛：但它仅仅是一个内部通报，绝不是一个外部披露。

郎咸平：而且是6月7、8号的通报。

王牧笛：但是现在紫金矿业把污染的时间点界定为7月3号。所以现在媒体在纠缠于这个时间，污水到底从何时起开始渗漏的？

王福重：按照它的说法，就是推迟了几天。因为它要跟当地政府商量个对策，然后共同定了个时间。

王牧笛：有点像统计局定那个统计数字。

王福重：对。 它之前说的那个时间不对，现在说的这个时间也不对。 我们看到去年紫金矿业还被评为“2009 年中国最守信誉的企业之一”。 我觉得只要你能在中国上市，你就不是一个纯洁的企业了。 为什么？ 因为在上市过程中，权力具有巨大诱惑的。

王牧笛：就是说当你盖上了上市这个章，有了上市这个刺青之后，你就不纯洁了，你就有原罪了。

王福重：所以说企业的背后实际上是一个地方政府，因此他们对权力还是比较膜拜的。

王牧笛：而且紫金矿业跟地方政府的关系还不仅仅是所谓的亲近关系。 它整个成了当地政府官员的一个养老院了。 基本上可以来去自由，想当官了就当官，想赚钱了就赚钱。

王福重：当地有一个姓郑的副县长，过去是副县长。 紫金矿业一开，他觉得不错，于是就在 2006 年的时候当了紫金矿业的监事会主席，然后到了去年，他通过大宗交易受让了 100 万紫金矿业的股份，几天之后，他就从紫金矿业辞职，又去做副县长了。

郎咸平：他非常“合法”地拿到这笔钱，没有任何贪污腐败的问题，因为他已经离开公职了，所以拿这个受让的股票是“应该”的。

王福重：拿完之后再回归公职。

郎咸平：所以说我们不能批评他，他是非常“奉公守法”的。

王福重：紫金矿业只是个幌子，摇幌子的人是上杭县政府。

紫金矿业的老总就说，为什么推迟公布，就是因为我们要维稳。维稳本来是地方政府的口号，在有些地方，维稳的重要性甚至已经超过了经济发展。所以我发现，在中国你要想干坏事，就得有一个好的理由，就是说你得找一个意识形态的帽子戴着，在这个名堂之下，你就可以干一切的坏事。

王牧笛：但是怎么样维稳呢，就是要欺瞒民众、欺瞒媒体。

郎咸平：**这不就是“维稳”的意思吗？为了维稳，我们什么都可以做。不过你也不要怪紫金矿业，它本身就是个政府，当然要维稳了，你们怎么能批评它呢？它做得很“对”，对不对？**

王牧笛：我们以前经常说官商勾结，后来发现在紫金矿业这个问题上，官就是商、商就是官，它不是勾结的问题了。

郎咸平：**官商勾结是封建王朝的事情了，到我们这个时代已经不是了，而是你刚才讲的官商一体，这才有意思。**

王牧笛：这次紫金矿业对于投资者为什么这么傲慢？对于百姓为什么这么嚣张？而且到现在为止，没有一个高管出来诚恳地致歉，起码丰田章男还鞠了躬，还落了泪呢。罗映南还说，刚开始以为这是小问题，结果不小心成了大问题。这其实反映出了现在中国这些管理者的一个思维。

郎咸平：**对，他说本来就是小问题，就是你们这些媒体，还有你们这些社会大众搞的，你们如果不啰哩吧嗦的，可能就没事了，死了几条鱼算什么呢？死几个人也“无所谓”，反正死几个农民，了不起一个人赔20万，农民还挺高兴，就是这个心**

态。这年头已经很少有人为老百姓着想了。最让我感到难过的是什么，是因为它是当地最大的财政收入贡献者，所以可以为所欲为。那我请问你，我们批评上杭县的时候，发现这只是一个缩影而已，其他地方领导是不是都是这个样子呢？

王牧笛：而且他还补充说，现在出了这个事，我们紫金矿业要挺住，不能趴下，我们要把坏事变成好事。我发现中国的官员可能是辩证法学多了，有“危”他就要找出“机”来，有坏事，他一定要找出好事的苗头来。

郎咸平：透过这整个事件，我发现他唯一不在乎的大概就是老百姓的利益。

王福重：对，我想这是问题的核心。

郎咸平：以上杭县为例，其实不仅仅是它，很多地方都是这个样子的。那我请问，你有执政为民吗？你有想到要为老百姓解决问题吗？透过这个事件我们发现，好像这些都不是各个地方政府考虑的，它们考虑什么呢？考虑你是大户，你贡献的税收最多，所以要保护你。我们地方政府天天在卖地，也是为了财政收入，那我请问，你卖地的时候有想到这个卖地的钱要回馈老百姓吗？有想到要帮老百姓建廉租屋、经济适用房，让人人有房住？你有想到透过这种方法维持社会的稳定，而不是搞什么“严打”以维持社会表面上的稳定？你都没有。

王牧笛：据最新的消息说，上杭县的民众已经开始拒绝喝自来水了。而且这个污染源已经跑到广东，我们现在也是受害者。

王福重：6 月 26 号的时候就有很多渔民抬着死鱼跑到县政府门

口，把县政府门前那个路都给堵死了。 就是在这种情况下，上杭县政府也没有马上做出一个赔偿的规定。

郎咸平：还好了，它还没调武警把那些渔民打一顿，已经算是不错了。

王牧笛：也有打的，还打错了，打了一个官员的家属。

王福重：对，是武汉的几个民警把一个貌似上访人员的人给打了，后来发现这个人是他们当地省维稳办副主任的爱人。 结果他们就道歉说，我们打错了。 那意思是说，我们以后不能打局级以上干部的老婆。

郎咸平：要打处级以下干部的老婆。

王福重：大概是这样。 就是说我们很多地方政府知道它做的事可能是不大地道的，但它是各种荣誉集于一身的，像紫金矿业就有很多的荣誉，比如说中国第一大金矿、重合同守信用。

王牧笛：好像还有 2009 年度福建省十大国有企业。

王福重：还有最守信誉企业，它有这些东西当幌子。 你看历史上挖金子的人都没有一个好东西，这个紫金矿业照样还是个不良企业，还不是个好东西，它是又狠又蠢，这是很可怕的。

王牧笛：它又狠又蠢背后的原因在于它对现有法律规则的蔑视，还有对它的处罚，相对于它赚的利润来讲，简直是九牛一毛。

王福重：对 。

紫金矿业“幸福”得令人发指

现在有媒体评论说紫金矿业这个事情出来以后，紫金矿业的高层“幸福”得令人发指。跟谁相比呢？跟美国墨西哥湾漏油事件的BP（英国石油公司）掌门海沃德相比，漏油事件之后，海沃德一边被美国国会骂得狗血淋头，一边又痛哭流涕地跟民众道歉，还要自掏腰包建一个包括生态环境和私人生活在内的巨额的赔偿基金，很痛苦。这两个一比较，你会发现紫金矿业很“幸福”。

王牧笛：现在媒体关心的一点是，紫金矿业的污染其实是一个旧闻，因为几年前环保部门就已经点名批评过它了。

王福重：它有案底。

王牧笛：当时点名批评了11家企业，还让它们整改。直到今天，不仅没有整改，反而又出了一大堆的问题。

王福重：这是个集体决策的结果。就是说当紫金矿业出事之后，它自己不知道怎么办，因为它是政府的一部分，所以它需要的是请示，请示之后，上边就是开会，那研究的结果肯定就是维稳。

王牧笛：其实现在一个吊诡的地方在于地方的环保部门是要听地方行政长官的，要看他们的眼色行事的。也就是说，环保总局下发的任何条例，中间都有一个大山阻着。

王福重：整改的话，是谁负责？当地政府。比如说环保局负责，或者是矿业局负责，但是它们也还是这个政府的一部分，所以环保局或者矿业局说它已经整改了，那就已经整改了。

郎咸平：我们犯了一个愚蠢的错误，就是我们想解决问题，想解决问题本身就是一个错误的思维，因为他们根本就不想解决问题。

王福重：对。

郎咸平：我们在美国、欧洲绝对看不到什么诚信榜、最受尊敬的企业、最有社会责任的企业这些所谓的荣誉，因为这是它们企业应该做的，是它们文化的一部分。

王福重：但到了我们这里，你说我不守诚信是吧？ 那你看见没有，我在这个诚信榜上，紫金矿业是十大诚信企业之一 。

王牧笛：有权威机构认证的。

郎咸平：一个真正有社会责任、真正有诚信的国家是不会搞这个名堂的。在美国、欧洲，你会发现越搞这种名堂，越想上这个榜的，政府就越要调查它、关切它。它们认为是因为你没有诚信，才需要上诚信榜。

王牧笛：现在紫金矿业这个事情把陈发树又拖下了水了，不仅是唐骏现在让他焦头烂额，他旗下的企业，除了紫金矿业之外，还有青岛啤酒，这个企业的污染现在也被披露出来了，所以陈发树最近很受伤。

郎咸平：为什么最近这一个月里不诚信的事情都跟唐骏有关？

王福重：这就是中国人讲的物以类聚，他们在这个地方就结合起来了。

王牧笛：所以你看唐骏对媒体说，在所有的时间骗了所有人就是一种成功。估计他现在发现，在同一时间所有问题集体暴露就是他面对的最大的一个困局。

郎咸平：**我发现一个有意思的事情，就是最近发生的这所有的事情，包括唐骏的事情，被集体曝光后，所有人，包括唐骏在内都是不想解决问题的。他们在不断地找出一个又一个新的理由说我为什么不解决问题。**

王福重：唐骏为什么不想解决问题？因为白纸黑字写着他是加州理工学院的博士，其实他不是，但他就是有意无意地让你相信他是。他就不想解决，就想这样混下去了，直到有一天他自我爆炸了。

郎咸平：**紫金矿业也是不想解决，等它爆炸就是了。**

王牧笛：现在很多网友在问，郎教授对唐骏的"学历门"一直没有发言，这是什么原因呢？

王福重：我觉得您应该发言。

郎咸平：**这么小的事情，我有什么好发言的？管他学历是什么，这个跟我没有关系的，我只想用今天有限的时间谈谈有益国计民生的事情，比如说谈紫金矿业的问题，我希望透过这个，我们政府能够解决一些问题。**

王牧笛：有意思的是现在有媒体评论说紫金矿业这个事情出来以后，紫金矿业的高层"幸福"得令人发指。跟谁相比呢？跟美国墨西哥湾漏油事件的 BP（英国石油公司）掌门海沃德相比，漏油事件之后，海沃德一边被美国国会骂得狗血淋头，一边又痛哭流涕地跟民众道歉，还要自掏腰包建一个包括生态环境和私人生活在内的巨额的赔偿基金，很痛苦。 这两个一比较，你会发现紫金矿业很“幸福”。

郎咸平：不一样的。紫金矿业的事情发生在一个既不讲诚信，又没有什么规则的地方，就会过得比较“幸福”。如果同样的事情发生在美国的话，那后果是不堪设想的。BP 的问题没有那么严重，它是一个业务操作方面的错误，它不是有意隐瞒、有意不解决问题的，即使这样，还让它这么痛苦。紫金矿业是什么？它是故意的，它挖个洞，把污水直接弄到水里面。

王福重：对。

王牧笛：但同样是大的环境危机。

郎咸平：这完全是两回事，一个是非常大的危机，一个是小危机。但是它们的动机是完全不一样的。紫金矿业这个危机，我们看得出来，它就是一种特意的隐瞒，在它的决策流程中也是能预料到这个危机一定会发生，完全没有为老百姓打算，这是非常可恨的。可 BP 事件是不一样的，这个事情虽然也是非常大的事情，但是它没有不诚信的问题，他承认了，他说我错了、我认罚，他什么都承认的。我们的紫金矿业呢，什么都没承认。所以说这是两回事。

王福重：紫金的污染本身不算问题。 问题是它不披露信息，不诚实，这个是可怕的，因为以后你说什么，我们都不相信了。而 BP 不一样， 刚才郎教授讲 BP 事件是技术出了问题，但是它从来没有想隐瞒。有人说 BP 好像把地球打穿了，这个事情要比紫金矿业的污染大得多，但是它也没有那么可怕。

郎咸平：**对，事情大得多，但是处理态度完全相反。BP 第一时间就承认错误，调查，赔偿，你还要它做什么呢？**

王福重：而且它也知道这对公司可能是灭顶之灾。甚至有传闻说中石油可能要收购它，因为它的股价在一个时期内掉了百分之三四十。

郎咸平：**中石油收购它以后，说不定是由中石油去堵那个洞。**

王福重：对，但是如果说 BP 很多美国的高层都入了股了，那情况恐怕可能跟紫金矿业就有相似的地方了。

郎咸平：**这个是不可能的，这种事情在美国是不会发生的。就算是个笑话，你也别讲，因为没有可能出现这种事。**

王福重：所以说就像郎教授讲的，这在美国是一个绝不可能发生的事情，是天方夜谭，可是在咱们这里却是一个常态。

郎咸平：**我跟你讲，如果你拿这个案例到美国大学去讲，没人相信的，他们会认为我们瞎掰的，都是从武侠小说里面编出来的。**

王牧笛：虽然说 BP 漏油事件是个技术问题，但是奥巴马现在也很受伤，民调掉到可能是他上任以来最低的一个点。现在美国媒体把这场事件叫做奥巴马一个人的"海湾战争"这么一个概念。虽然奥巴马对此发表了电视新闻讲话，我们都知道，在美国历史上，在黄金时间、在白宫发表全国电视讲话的总共也没有几例。

郎咸平： 但是晚了。5 月份发生的事情，你 6 月 15 号才发表讲话。

王福重： 虽然晚，但是奥巴马总统的态度很明确。 媒体跟公众都质疑他的政府，因为他们找不着别人，他们就觉得你政府是我选出来的，那出这个事，我就找你。

郎咸平： 不，老百姓是怎么想这个问题的呢，是说你为什么会允许 BP 在我们家门口打个洞？当然这不是奥巴马的问题，是以前前任总统的问题。现在的问题是说，一旦这种事情发生，老百姓的利益怎么得到确保？你会发现在美国法律层面是无瑕疵的，就是说政府的处理也好，BP 的处理也好，它们都按照一个法定的程序来处理，这并没有什么太大问题。但老百姓有气没地方发怎么办呢？他当然找奥巴马了，还能找谁？

王福重： 可是咱们的紫金矿业出事的时候，我们的媒体还主要对着紫金矿业这个企业。 其实紫金矿业就是个幌子，我们应该更多地让这个地方政府去思考这个问题，就像奥巴马政府一样。

郎咸平： 你讲得很有道理。这种事情发生之后，美国老百姓就针对着政府，他就会质问你政府为什么没有把它做好。我们呢，不敢讲政府，那只有骂骂紫金矿业了。这完全是两个不同的概念。

王福重： 因为骂紫金矿业是没有风险的，是政治正确的。 如果你要骂政府，你只能骂乡镇一级的政府，政治上也没有风险的。可是如果这样下去的话，我相信中国迟早要出大事。 好比说，如果中石油也捅了个窟窿，我们指责谁呢？ 我们大概也只能去指责中石油，甚至中石油我们都不见得敢指责。

郎咸平：我们可能就指责那个挖洞的人。

王福重：对，打井人员。

郎咸平：而且不能是处级干部，要科级以下才行。

王福重：是这样，这就是不一样的地方。

莫以维稳之名行不义之事

维稳是所有国家都追求的目标，包括美国，但我们用了完全不同的方式处理。就是说维稳的前提是要解决问题，为了解决问题，你必须披露所有的问题，你不要害怕，老百姓比官员聪明多了，你披露问题，然后去解决问题，这反而会增加政府的信用度，老百姓会更信任你。

王牧笛：美国媒体披露说在 BP 事件的处理上，奥巴马之所以备受诟病，主要有两个原因。 一个就是刚才说的他拖延了 5 天后才派官员去墨西哥湾，其实在我们看来 5 天已经挺快的了。

王福重：他这 5 天是真的 5 天。 咱要说 5 天，那你别相信，可能至少是 38 天，紫金矿业至少是隐瞒了 38 天。

郎咸平：**这 5 天不是说他没管，他并没有推卸责任。白宫发言人吉布斯就说，事发之后我们就一直在现场，有人认为我们反应迟缓，那是对情况极不了解。可问题是他们就是到现场了又怎么着？它还是漏油了，老百姓是有气没处发，所以要发到总统身上，这是非常合理的。所以你千万不要把这个事情跟紫金矿业做对比，对不起，你太抬举紫金矿业了，它跟美国完全是两回事。**

王福重：我们是这样，先要组织一个调查团，开一些会，然后就说要严肃处理。

郎咸平：**所谓严肃处理就是不了了之的前奏。**

王福重：对，就是说，我告诉你我一定要严肃处理，最后的处理是什么呢？ 就是把一个环保局长给免职了，对吧？

郎咸平：**是暂时免职，就像那个三聚氰胺事件一样，过半年再复出，到别的县任职。**

王福重：这是一种保护干部的办法。 就是人家要来打你了，我先把你保护起来。

郎咸平：**先把你撤职，撤职以后，关于你所有的信息就断掉了。**

王福重：这是爱护这个干部。

郎咸平：**所以我们也不要批评政府，这是“爱护干部”，理解理解。**

王牧笛：咱们还说奥巴马，奥巴马四次跑到灾区去视察，还发表电视讲话。 在美国历史上，在黄金时段、在白宫发表电视讲话好像只有三次，第一次是“挑战者”号失事的时候，里根有一次讲话；然后“9·11”事件的时候，布什有一次；第三次就是奥巴马针对墨西哥湾漏油发表讲话。 即便这样，美国民众还说你推卸责任，说你把责任都推给了 BP，难道你自己没有责任吗？ 他们还在指责这个，所以美国民众真的很难伺候。

郎咸平：**确实是。**

王福重：就是因为我们太好伺候了，所以事情才大了，对吧？

王牧笛：说到这个技术操作的问题，历史上有一个前车之鉴，就是我们当年的苏联老大哥，切尔诺贝利核电站发生爆炸，这个事件出来之后它的第一份报告也说是由于技术员操作的失误，当时就连戈尔巴乔夫自己也不知道事实的真相，后来他在回忆录里就说，当时主管部门负责人汇报的时候，讲得相当平淡，没有人想到危险的巨大程度，都以为是一个普通电厂的爆炸。

郎咸平：它跟紫金矿业是一样的思路，以为是小事，最后发现它是一个大事。我们连这个思维都跟俄罗斯人差不多。

王福重：这说明什么？ 说明你长期在这个系统中呆着，对普通民众的感情一点都没有，即使这样大的灾难，也不能触动你的心灵，或者说灵魂。

郎咸平：你讲得太好了。你发现每个人讲的都是，哦，原来这是个小事。因为对他来讲，只要说没有关系到他个人利益的时候，就是小事。紫金矿业也是，在这个系统之下，对老百姓来讲是一个天大的大事，但对领导来讲这就是一个小事。

王牧笛：而且切尔诺贝利核电站离乌克兰首都基辅只有 140 公里。 这是 1986 年 4 月 26 日的一声巨响，紧接着是 5 月 1 号国际劳动节，但基辅没有任何人通知这个消息，基辅在搞节日的欢庆活动，还有国际自行车邀请赛，之后还邀请了歌舞团的人到这个核电站去慰问演出。

郎咸平：因为这个电厂相当于是前苏联的一项政绩工程。

王牧笛：是苏联人民的骄傲。

郎咸平：没错。当然，紫金矿业不是我们的骄傲。

王牧笛：它是福建人民的骄傲。 20 年之后，我们再重新回顾切尔诺贝利核电站的爆炸，很多人还都泪流满面，感到心痛。 在这次爆炸中死亡的人，他们下葬的时候用的都是铅棺材。 为什么？ 因为每个人的躯体都可以成为放射源，必须用铅棺材下葬才能让它的污染不扩散。 都到这个程度了。

王福重：这就是维稳的下场。 切尔诺贝利核电站只是“铁幕”当中的一件事情，因此它变成了“前苏联”。 所以说稳定就是，我知道有病，但是我不说。 这实际是一种等着最后一起“报销”的态度，所以最终是不稳的。 所以我们不能允许一个企业，或者个别地方政府打着维稳的旗号去做坏事。

王牧笛：就是说维稳本身很好，没有问题的，目的很崇高，是为了维护社会的稳定。 但问题是现在一些地方说是维稳，但做的事情不是为了这个目的。

郎咸平：你要解决问题，才能真正地维稳。我们现在是为了维稳而不解决问题。维稳是所有国家都追求的目标，包括美国，但我们用了完全不同的方式处理。就是说维稳的前提是要解决问题，为了解决问题，你必须披露所有的问题，你不要害怕，老百姓比官员聪明多了，你披露问题，然后去解决问题，这反而会增加政府的信用度，老百姓会更信任你。

王福重：关键是这个道理大家都知道。 中国人常说不要讳疾忌医，不要掩耳盗铃。 但我们做的这些事情其实就是在掩耳盗铃，就是在讳疾忌医，做坏事仍然没有底线。 到底是哪儿出了问题？ 我们应该反思一下。

王牧笛：社会的稳定可能会面临各种各样的危机，经济危机或者环境危机，我们要维稳，就要学会处理危机，或者叫危机公关。我们刚才讲到的，一个是调查真相，一个是第一时间的披露。

郎咸平：对，你要在老百姓都不知道的时候先披露出来，老百姓才感谢你，才会支持你。

王牧笛：危机管理学里有一个探讨，说一个事情出来以后，在24到48小时以内如果没有权威消息发布，它会以病毒裂变的方式迅速传播，而且传播的全是谣言。就是说你不第一时间发布，你就掌握不了话语权了，所以第一时间发布很重要。中国的SARS事件，当时出来之后，卫生部的部长张文康就讲，到中国旅游仍然是安全的。那么好，因为你是一个部长，因此全世界的人都相信你，因为你是以中国政府为后盾的。可结果是他说的是错的。

郎咸平：是谎言。

王牧笛：第一时间披露，你披露的还得是真相才可以。除此之外，你还要有一个事后的详尽报告，你还要追查才可以，这个美国做得很好。咱们是出一个事情，比如说紫金矿业事件，就只是处罚了厂长，处罚了当地的环保局长。

郎咸平：我跟你讲，再过一两个礼拜，就没人再提这个事儿了。

王福重：对，我们解决问题的办法就是不了了之，谁还记得三聚氰胺？谁还记得三鹿？谁还记得王家岭？原来的基本都忘了。所以说为什么会一次又一次出现类似的问题？就是因为这些人认为，捅出娄子来了不用怕，先等等，等下一起事情出来了，大家就把这一次的事情给忘掉，大家都是这个态度。

郎咸平：就是不解决问题。

王福重：所以我们要除恶务尽，要善始善终，要揪住不放，就是我们说的一查到底。 每次事情出来，我们都说一查到底，可都是一查就完了，没底。

郎咸平：我们的意思是，查本身就是到底了。

第十章

化妆品业：外资猛于虎

继欧莱雅收编“小护士”、大宝“外嫁”强生之后，12 月 6 日丁家宜也被法国科蒂集团成功收购，“洋女婿”再度娶到“中国媳妇”。当国人还在忧心忡忡外资介入粮食产业、外资入股上市公司，殊不知国产化妆品行业几乎已“全军覆没”。一线城市的化妆品柜台难觅国货踪影，曾经被外资收购的国产化妆品牌都已悉数退出历史舞台。外资很凶猛，国货当自强，一场有关化妆品的狙击与保卫战正硝烟弥漫。

本土化妆品企业缘何节节沦陷

现在我们90%的化妆品市场被外资占据了，我们国内的4000家化妆品企业，只占了10%的市场份额，年销售额1亿元以上的只有50多家，剩下企业的年均销售额只有60万元，这就是我们目前的惨状。

（嘉宾介绍：马娅，中华全国工商联美容化妆品业商会会长）

王牧笛：郎教授，又一家本土的化妆品品牌沦陷了。法国科蒂收购了丁家宜。我们今天请来的是中华全国工商联美容化妆品业商会的会长马娅女士，跟咱们来共同探讨一个，用教授的话说是高科技的领域——化妆品。

郎咸平：对，高科技领域。

咱们先看一个短片：

继欧莱雅收编“小护士”、大宝“外嫁”强生之后，12月6日丁家宜也被法国科蒂集团成功收购，“洋女婿”再度娶到“中国媳妇”。当国人还在忧心忡忡外资介入粮食产业、外资入股上市公司，殊不知国产化妆品行业几乎已“全军覆没”。一线城市的化妆品柜台难觅国货踪影，曾经被外资收购的国产化妆品牌都已悉数退出历史舞台。外资很凶猛，国货当自强，一场有关化妆品的狙击与保卫战正硝烟弥漫。

王牧笛：其实丁家宜这个事件让我有一个感慨，就是说我们以前一直关注的是外资去收购粮食产业，或者外资收购别的中国企业，现在我们忽然发现真正完全沦陷的是化妆品领域。

郎咸平：现在我们90%的化妆品市场被外资占据了，我们国内的4000家化妆品企业，只占了10%的市场份额，年销售额1亿元以上的只有50多家，剩下企业的年均销售额只有60万元，这就是我们目前的惨状。

王牧笛：现在是外资来袭。这个马会长应该最有感受。

马　娅：早在20年前就成天讲“狼来了”。当然，实力雄厚的工业大国占领了我们很多市场份额，但我们国内的企业也很努力，化妆品行业都是白手起家的私营企业、民营企业，基本都没有政府的支持。

王牧笛：好像真的，很少看到政府对化妆品行业做出某种扶持。

郎咸平：大家不在乎这个玩意儿，大家在乎的是集成电路之类的所谓的高科技。

王牧笛：在乎房地产。没有化妆品业的调控。

马　娅：对。它的生存是很难的，比如说彩妆跟香水，在我们国家跟烟酒同等待遇，除了征收营业税以外，还要再缴百分之三十几的消费税，这就影响了我们民营企业的发展。至于国外的这些品牌，因为实力雄厚，所以它们能够应付这样的一个税负。结果就只打击了我们。

王牧笛：现在在我们的印象里，咱们自己的这些品牌往往都是在二三线，甚至四线城市，或者在乡村里面才能见到。我们之前所熟知的那些品牌现在在超市里都见不到了，因为进超市也需要一个很高的成本。

郎咸平：对，它也需要花钱，而且贵得不得了。你一个品牌进去的话，所谓的"选位费"就要5000块。

王牧笛：那个条形码也要花钱。

郎咸平：1500块。还有什么场地费、入场费、上架费、节庆费等等一堆。

马　娅：结算时间还很长。还有一个情况你们没注意到，就是所有商场都是把进口品牌放在前面的。

郎咸平：当然，因为它价格也高。

马　娅：价格高，漂亮。

郎咸平：我们的海鸥、蜂花，才5、6块钱，它根本无法交这些费用。

王牧笛：现在基本上所有商场的一楼都是进口品牌。所以在什么地方最看不出来中外差别呢，就是在这些商场的一楼，你一看，全是外国字。

郎咸平：对，唯一看到的中文就是"出口"。

王牧笛：对这个领域有了解的人会感慨一件事情，马会长可能也听到过，就是中国的民族品牌和国外的品牌是“同步不同命”。严格地讲，中国的民族品牌最早可能也有上百年历史了，中国历史上记载的第一家化妆品企业是始于1862年的孔凤春，它是杭州一家很著名的企业。在上世纪二三十年代，是孔凤春最辉煌的时候。

郎咸平：那不得了，当时上流社会的小姐们都擦孔凤春的鹅蛋粉，那是多么时尚的事情。可是到现在，这个品牌可能就只有在杭州，或者在网上买到。

王牧笛：它集中在一定的区域里。

马　娅：其实我们中国百年以上的品牌除了孔凤春，还有谢馥春、上海家化。

郎咸平：不过，外国品牌也有上百年的，比如说欧莱雅。

王牧笛：所以为什么我说“同步不同命”呢。

郎咸平：到现在为止，人家席卷了全中国90%的市场，我们自己节节败退。

马　娅：但是我们也有过辉煌，孔凤春就曾经辉煌过很长时间，大概从清朝到民国这么一段时间。

郎咸平：就是1920年的前后十几年。

马　娅：对，它的市场占有率超过现在宝洁在中国市场的占有率。

郎咸平：宝洁是17%。

马　娅：它当时超过了50%。

郎咸平：那确实不得了。不过现在，它对整个大环境的把握是失控的。举个例子，中国社会现在已经成为一个M型社会，就是有钱人是一部分，比较多，没钱人也很多，中间的中产阶级大量消失。国外的品牌，比如说欧莱雅，它就针对中国M型社会做了一个大幅度的调整。我这里有一个数据，2009年在中国的销售额，其中三分之二来源于包括三线城市在内的低线城市，个人护理产品销售额中有61%来源于三四五线城市。这让人感到非常奇怪，欧莱雅在我们心目中应该是一个多么大的品牌啊。

王牧笛：它也放低了姿态。

郎咸平：这个非常有意思，在这一点我觉得我们应该检讨。想想看，欧莱雅作为一个高端品牌，你晓得它一个产品从开始到试验到变成成品需要经过一个多么复杂的过程吗？它要反反复复经过各种各样的检验，是真正的高科技，需要投入巨额的研发费用。研究出高端产品之后，为了应付M型社会，它又调整战略，席卷了中国的低端品牌。那请你想想看，它能够这么迅速地针对中国市场调整战略。我们内地的企业呢？没有做到的，对不对？我再举个例子，美宝莲的口红，2003年的时候是90块一个，那算是很贵了。然后呢，为了应付这个M型社会，它调整战略，开始降价，降到39块，个别种类甚至降到20块，那它就跟我们国产品牌一样了。美宝莲的总裁盖保罗说，降价本身并不只是降价的问题，而是为了创造，或者说适应一个新的群体、一个新的市场。他看得很清楚。

王牧笛：不知道我的感觉对不对，我感觉好像大的日化企业会有好多不同的分工，会有不同定位的子品牌，比如说有的时候我们可能忘记了宝洁，但我们会记住宝洁下面这些子品牌，它会迎合不同的人群。

郎咸平：欧莱雅有 13 个品牌，大概 450 种产品。而我们中国的品牌好像最多也就几十个。

王牧笛：我们在细分市场或者说品牌战略上稍微差一点。

郎咸平：因为化妆品这个东西跟洗衣粉不一样，洗衣粉是能洗干净、洗得白就好，因此你对它没什么特别的感觉。可是化妆品是让人非常感性、非常情绪化的东西，我们一个女同志一年用的化妆品可以放一整桌，洗衣粉一两包就够了，不可能放一整桌对不对？所以说化妆品有不同的品牌，不同品牌又针对不同的情况有不同的产品，比如说除皱，皱纹还分很多种，眼睛皱纹，额头皱纹等等，都要用不同的产品。外资品牌对于每一个细分市场都非常注意的，而且它还会做大量调研，比如说宝洁为了推广它的牙膏，就到各个城市做调研，具体到用多长的牙刷、一天刷几次牙、牙膏的使用量是多少、喜欢的牙膏香味是什么等等，详细调查的结果是推出了十几款牙膏，席卷了中国 20% 的市场。那我请问，我们内地企业有这样做的吗？因此透过这个简单的对比，我们发现整个 M 型社会成型的时候，外资企业的反应速度之快是我们做不到的，同时它们的品牌种类之多也是我们做不到的。此外，还有我们刚刚讲的，高端化妆品具有高科技含量，人家品牌大可以投入这么多的钱，创出更有功效的产品，在继续掌握高端市场的同时，它还透过研发生产适合低端市场的产品，有这么高的市场占有率。做到这一步，那我们就很难跟它竞争了。

本土化妆品也曾很辉煌

我们的民营企业还是很有希望的。他们坚持不懈，很努力，中国人优秀的传统品质在他们身上都有，这个行业很有前景的，它不是朝阳行业，是日不落行业，它的未来空间太大了。

王牧笛：教授描述了一个化妆品行业所依托的社会图景——M型社会。那对于一个化妆品企业来讲，打造一个好品牌所需要的战略应该是怎样的呢？

马　娅：其实我们国产的化妆品还是有一些优势的，如果能避免我们刚才说的那些问题，那我们就有成功的机会。

郎咸平：**当然。比如说孔凤春，它曾经辉煌过，我们南极的探险科学家冻伤了，可能要截肢，但是他使用了孔凤春的珍珠霜以后就不需要截肢了，这个很难得，这是说它的安全性、功能性、科技性是很多外国的品牌都没有达到的。对于我们来讲，现在的关键是什么呢，是如何去做推广。**

马　娅：还有后续的研发。

郎咸平：**马老师讲的非常有道理。我想把你刚才讲的话用一个术语讲出来，叫做时尚话语权，你刚刚讲孔凤春的时候，提**

到两个时间，一个是1920年，还有一个是1980年。你晓得1920年上海是什么地方吗？开玩笑，上海是东方巴黎，它是掌握时尚话语权的地方。还有1980年，改革开放初期，上海也是引导时尚的地方。

王牧笛：当时流行的都是上海货，尤其是上海表。

郎咸平：梅花牌手表，那时候戴梅花表的人大冬天也要把袖子捋起来，把手表露出来给人看。还有永生牌钢笔，大家会把它插在外衣兜上，以显示有学问。我们还以上海为例，上海掌握时尚话语权的时候，孔凤春就很有市场。可是现在的上海没有了时尚话语权，所以它做什么都很困难。现在的时尚话语权由外资掌控着。而且，想要得到时尚话语权不是非常容易的，要有很多的投入，比如说大面积调研，高科技研发。我觉得我们在这方面就相对落后。

马　娅：我们要提醒我们化妆品的民营企业，要学会自我保护、自律，提高我们的法律意识。某一跨国公司，我不讲是什么公司，偷偷地抢注我们民营企业创造的很多的技术性用语，比如说“植物性萃取”。

郎咸平：你说的不就是宝洁嘛。

马　娅：你太专业了。

郎咸平：你不敢讲，我帮你讲。你讲吧，没事的，我们节目不怕的。

王牧笛：我们连宝洁都得罪不了吗？

郎咸平：对，那还混什么？回家睡觉算了。

马　娅：我也说了。它把我们索芙特这样的品牌里面很多的关键词都注册为专利，我现在怀疑它连上海家化某些东西也都抢注了。

郎咸平：它们不但抢，还大量收购。欧莱雅收购小护士后，就把这个品牌雪藏了，让路给卡尼尔。它们不但偷，还全面消灭我们的国内品牌，它收购你，不是为了让你壮大。

王牧笛：它收购的是渠道。

郎咸平：对，然后把你淘汰掉。

王牧笛：所以刚才教授谈到了悠久的历史、品牌的战略、市场的细分、科技的含量，其实在化妆品领域里面还有一个最重要的，就是渠道。

郎咸平：对，比如说小护士，小护士在全国有28万个网点，这是什么概念？不知道马老师同不同意，就是化妆品是非常困难的一个行业，它基本是一个阵地一个阵地打下来的，甚至细分到村，很难的。但是你稍微不用心的话，可能明年就不是你的了。小护士好不容易打下28万个网点，然后被人家一下子收购出去，被外资攻城掠地，然后全部都变成它的了，它透过这些网点卖什么呢？卖卡尼尔去了。这个太不可想象了。更可怕的是，这种问题现在已经不仅仅是化妆品的问题了，我们别的行业也有类似的问题。现在我们中国所有的渠道的百分之六十几都是外资所掌控的。

王牧笛：那现在一些好的既有的本土化妆品，它的渠道是哪里呢？

马　娅：主要还是在二三线城市，但是我觉得保护意识一定要加强。

郎咸平：太对了。

马　娅：还有我们的软实力要加强，我们现在的软实力不够。

王牧笛：这个软实力是说我们的市场队伍要加强、营销队伍要加强，还有不要轻易给人家收购，就是说你可以跟人家合资，不要被人家全额收购，全额收购的话就真的没有了。

郎咸平：我跟你讲，合资更麻烦。你想想看，我们经常跟人合资，就是一人一半，合资之后呢，比如说三年后，亏损了，然后双方注资，外资一注资就是 20 亿美金，你拿不出钱，就把你稀释到 1%，然后一脚踢开。所以说结果是一样的，中国汽车零配件行业走的不就是这条路吗？而且像我们刚刚讲的那个问题，中国化妆品行业是非常小的，4000 家化妆品行业控制 10% 的市场，1 亿元以上销售额的只有 50 多家，它能做什么研发？它根本没有这个资金实力，所以只有欧莱雅、宝洁才可以。

马　娅：所以要政府出面了。

郎咸平：它不会出面的。

马　娅：我相信迟早会的，要呼吁的嘛。

郎咸平：马老师，我们可以呼吁，可以自我感觉良好，也可以把自己想得很重要。但是我跟你讲，结论是它不会出面的。

王牧笛：包括我们的大宝SOD蜜。

郎咸平：**我今天早上还用了呢。**

王牧笛：那个当时很火，后来也被迅速收购了。

郎咸平：**因为其他的我买不起，我觉得买那个挺划算，那么大瓶才十块钱。**

王牧笛：认识马会长之后，买化妆品可以再便宜些。

郎咸平：对。

马　娅：我说的合资不一定是跟国外合资，就是一种国内资源的整合。现在老外走的就是用农村包围城市的路线，毛主席的那一套。

郎咸平：**他们学毛主席思想比我们还透彻。**

马　娅：你讲得对，他研究得很透彻。

郎咸平：**所以说，他们三分之二以上的收入得益于毛泽东思想。**

马　娅：没错。但我们中国的市场很大，现在的问题是我们怎么把市场夺回来，这是需要政府、行业协会跟企业同心协力来解决这个问题，对此我还是很乐观的。

郎咸平：**你可以乐观，但是我想问你一个问题，如果你的呼吁没有效，如果政府不出面怎么办呢？你给我预测一下，我们本土化妆品行业是怎么一个前景？**

王牧笛：比如说孔凤春还能否重现上个世纪二三十年代的辉煌。

马　娅：我相信可以。我最近跟上海家化的高层、孔凤春的高层这些百年以上的中国化妆品企业进行了很透彻的沟通，我觉得还是很有希望的，它现在的主流还是二三线城市。

郎咸平：你说孔凤春跟家化，就是你谈过的这些企业，它们最近有没有被收购的可能？

马　娅：没有。

郎咸平：你很肯定吗？

马　娅：我很肯定，它们不想当汉奸啊。

王牧笛：这个回答好，很精彩，很给力。

马　娅：你要打造民族品牌，怎么能有卖国思想呢？

郎咸平：问题是已经卖了，差不多都卖光了。

马　娅：我们更着眼于现在跟未来，过去的事情就让它过去嘛，我们是要看发展的嘛。

郎咸平：马老师很潇洒。

王牧笛：刚才教授已经谈到了化妆品行业的本质和整体的构想。其实现在中国的这些以孔凤春为代表的老字号也在往这个方向努力。比如说孔凤春，最近几年间它的新产品数超过了以前100多年的产品总和。

郎咸平：它也开始多元化，成功的路径具体来讲就是，第一，要符合社会的变化，现在中国的状况就是M型社会；第二，产品要多元化，满足大家的情感诉求；第三，像我们刚刚讲的，高投入的研发，这样你才能够创造出真正有效的产品吸引消费者；第四，就是渠道，我们晓得外资收购渠道是非常残酷的，我们很多内资企业非常辛苦地做了几十年建立起来的渠道，因为被收购而拱手让人。这四点也是欧莱雅、宝洁的成功之道。其实按照这个思路来看，我们不是不能做，而是过去的方向不对，如果朝我刚才讲的这个方向走的话，我们自己做就可以了，不必靠政府。

马　娅：当然了。

王牧笛：靠行业中人士还是更靠谱一点。

马　娅：我觉得我们的民营企业还是很有希望的。他们坚持不懈，很努力，中国人优秀的传统品质在他们身上都有，这个行业很有前景的，它不是朝阳行业，是日不落行业，它的未来空间太大了。

郎咸平：日不落行业，是对谁日不落呢？对外资日不落，到最后发现90%还是外资。

马　娅：不会的，你现在说的是目前的情况，未来不会的。

郎咸平：你觉得我们这些企业能打败欧莱雅跟宝洁吗？你要晓得，我们刚才讲的这几大优势，包括M型社会、研发投入等等，它们已经是既成的事实了，它们已经占据优势了。

马　娅：不是要打败，是共同生存，和谐社会，与时俱进。

郎咸平：共同生存的结果就是目前只有 10% 的市场份额。

马　娅：我刚才不是跟你说了吗，那是现在。现在是暂时的，我们有未来的嘛。

郎咸平：我知道是现在，那你认为将来可以达到多少呢？

王牧笛：教授，您是一直在立足于当下，马老师一直在展望未来。

郎咸平：她很有前瞻性，我这个人不行，比较落伍。

马　娅：不是，它是这样的，你讲的 10% 是现在，那过去才 3%、5% 呢，但我们现在已经 10% 了。

郎咸平：你千万别讲这个数字，我最担忧的就是这几个数字，搞不好我们就有可能又从 10% 变成 3%、5%。

马　娅：不会。我用一个行业会长的身份跟你担保，不会有这样的事情。

郎咸平：如果有呢，我们赌什么？

王牧笛：一年之后，此时此地，再来一期《财经郎眼》。

郎咸平：如果有，你就再来上一次节目。

外资来袭时，国货当自强

我们的化妆品行业叫“同步不同命”，不像汽车，我们起步比较晚，可能会有一个时间段赶不上西方。但是化妆品，我们起步可能比西方还要早，但是走到今天却是两种截然不同的景象。所以我们要呼吁一下，希望中国这些老字号的自主品牌可以在外资来袭中得到振兴，这是我们的希望。

王牧笛：中国这个化妆品行业还有一个有趣的事情，就是关于这个行业的定义，什么叫化妆品？ 刚才教授说牙膏，其实牙膏算是化妆品的，就是“牙防组事件”之后，牙膏被划入了化妆品。但是现在还有一些是在模糊地带的，比如说肥皂、含酒精的漱口水，它们还是“身份不明者”，化妆品的主管部门也一直没定，开始说卫生部，后来调到药监局，后来又从药监局调回到卫生部。

郎咸平：在这种情况之下，我们马老师想呼吁政府部门支持，都不晓得该找哪一个。

王牧笛：所以靠行业自律嘛。

马　娅：作为一个行业的会长，我还是很有信心的。

郎咸平：马老师，我理解，作为会长再没信心的话，这个会长也很难干，就像我们领导一样，他们经常说的就是，作为领导，我们对这个城市的发展很有信心的。都要这么讲话的。

马　娅：你不要抱着这种同情的语气跟我讲。实事求是地讲，我们民营企业的增长数字非常大，你现在讲的10%是官方统计数字。

郎咸平：也就是不靠谱，对不对？

马　娅：不靠谱的。

郎咸平：那你告诉我目前的数字应该是多少？

马　娅：个人意见，只供参考，我认为有30%以上。因为它只统计了在柜台销售的有发票的部分，那你去理发的时候是不开发票的嘛，但这个也属于化妆品的消费之一。所以这里面有一个很大的灰色地带。

郎咸平：这个理发最可恨，我每次理发都问我说，郎教授，要不要用欧莱雅的洗发精？多加15块。我说我不要，我要用本土的品牌。支持马老师。

马　娅：我都是用国货的。为什么呢？第一，它成本低，卖价肯定也就不高；第二，它新鲜，它的保质期肯定比外来的要长一些。而且，我从幼儿园到现在用的都是国产的。

王牧笛：感情嘛。

马　娅：是有感情的成分。

郎咸平：你不但有感情，而且很念旧。可问题是我们年轻的一代，既没感情也不念旧，怎么办呢？

马　娅：这就需要我们去引导。

郎咸平：信心你可以有，但我对自己是没有什么信心了。

王牧笛：马老师，外资猛于虎。

马　娅：也不是这样，我跟你们说，只要我们国产品牌里面有时尚的元素，我们就可以跟老外的品牌共同生存。因为我看到了一批人，他们很有激情，也很努力地在打拼，比如说上海伽蓝集团，美素是它的品牌，我不知道你们有没有看过美素的广告，它的代言人是舒淇。它整个设计团队非常庞大，团队里有外国人，也有中国人。它的领导人郑春颖在讲到中国品牌的时候会流眼泪，一个男人在讲中国品牌的时候会流眼泪，这就是中国的希望啊。

王牧笛：马会长谈到一个很有意思的事情，就是所谓的代言人，好像化妆品行业跟别的行业不一样，它格外地需要一个品牌故事，或者需要一个代言人。

郎咸平：马老师，你看我可不可以做你们什么品牌的代言人?

王牧笛：得让马老师给您设计一个跟那个化妆品有关联的故事。

郎咸平：对。

王牧笛：像当年的玛莉莲·梦露跟香奈儿的关联，还有刚才马老师讲的孔凤春跟南极考察队之间的故事，就是说都会有一些品牌故事或者代言人。教授，其实以前我们也谈到过代言人，代言人也要符合他所代言的这个品牌的本质。

马　娅：我觉得你可以当运动型香水的代言人，奢侈品啊，有品位、高尚、有情调，还有激情。

郎咸平：太好了。

王牧笛：我觉得这期节目播完以后，大家找不到您，找得到我，我手机该爆满了，请您去代言运动型香水。

郎咸平：没人找我。

马　娅：怎么会？ 我讲你是运动型香水哪有错，你本身就都在运动的。 而且你有健康的肤色、健康的眼神，这些都符合。

郎咸平：那安排一下，我们要“起而行”，不要“坐而谈”。

王牧笛：我们再聊回来，我就有一个感慨，我们的化妆品行业叫“同步不同命”，不像汽车，我们起步比较晚，可能会有一个时间段赶不上西方。 但是化妆品，我们起步可能比西方还要早，但是走到今天却是两种截然不同的景象。 所以我们要呼吁一下，希望中国这些老字号的自主品牌可以在外资来袭中得到振兴，这是我们的希望。

马　娅：法国的金融业、化妆品业跟汽车业的产值是一样的。所以它的香水协会会长的话语权是很强的，不知道我们什么时候也可以这样？

郎咸平：你的话语权也很强。

王牧笛：我们希望有一天化妆品行业可以取代房地产，成为中国支柱产业，然后马会长可以有比房地产会长更强的话语权，中国就有希望了。

第四部分

经济乱象

第十一章

“夜总会”经济学

今年5月11日北京警方突然查封有“京城第一选美场”之称的“天上人间”夜总会。随后的两个多月，一场近年来罕见的扫黄风暴席卷大江南北，南京、重庆、东莞等26个城市高调扫黄，数个城市出动了荷枪实弹的警察，多个被坊间认为“后台硬”、“很安全”的夜总会、KTV未能幸免。南京警方关停了号称“最安全”夜总会的名店宝丽金，重庆警方勒令涉黑涉黄的希尔顿酒店停业整顿，东莞则发动了“曙光二号”的专项行动，一时间上至五星级酒店下至街头发廊，但凡涉黄者一律关门歇业。对此，一位从事娱乐业的经理人对媒体表示，与其说这是“台风”，倒不如说是“台风季”更为恰当。

扫黄危害营商环境?

在云南一家涉黄场所，面对执行扫黄任务的公安人员，其中一个客人自称是四川人大代表，来谈项目的，这个人说你们昆明的发展还得靠我们招商引资的商会，你们市领导还得靠我们养，你们来查的话，叫我们怎么谈生意呢?

（嘉宾介绍：李银，财经评论员）

王牧笛：最近咱们的手机清闲了很多，因为以前我们经常收到两种群发性的短信，一个是所谓房地产开发商卖楼盘的信息。

郎咸平：这个现在还有。

王牧笛：还有一个是最近销声匿迹的，所谓娱乐业的“黄色”信息，所以说现在“扫黄”风暴席卷大江南北。

我们看一个短片：

今年5月11日北京警方突然查封有“京城第一选美场”之称的“天上人间”夜总会。随后的两个多月，一场近年来罕见的扫黄风暴席卷大江南北，南京、重庆、东莞等26个城市高调扫黄，数个城市出动了荷枪实弹的警察，多个被坊间认为“后台硬”、“很安全”的夜总会、KTV未能幸免。南京警方关停了号称“最安全”夜总会的名店宝丽金，重庆警方勒令涉黑涉黄的希尔顿酒店停业整顿，东莞则发动了

"曙光二号"的专项行动，一时间上至五星级酒店下至街头发廊，但凡涉黄者一律关门歇业。对此，一位从事娱乐业的经理人对媒体表示，与其说这是"台风"，倒不如说是"台风季"更为恰当。

王牧笛：现在我们媒体的观察有两个点，一个点是这个"台风"过了怎么办？ 另外一个是这数以万计的明娼、暗娼们，扫黄之后的生计怎么办？ 这又是一个社会治理的难题。

李　银：这一次的力度确实很大，我也看到很多报道，但我不明白的是，怎么会有很多数字出来？

郎咸平：因为他们要报绩效的。还有更可笑的，比如说有一个地方，警方竟带着小姐游街示众。还有武汉，竟然沿街实名公开小姐、嫖客的名字。我在想，这个警察带小姐游街示众的时候，如果他的名字被小姐叫出来怎么办？

王牧笛：因为我们这种东方国家是有耻感文化的，所以说游街示众这种事情会在我们国家出现。

李　银：在7月30号的《云南日报》上曝出一个事，说当时他们查处一个涉黄场所，其中就有一个客人自称是四川人大代表，来谈项目的，这个人说你们昆明的发展还得靠我们招商引资的商会，你们市领导还得靠我们养，你们来查的话，叫我们怎么谈生意呢？ 他们竟然把这种地方定位成一个引资场所。

王牧笛：地方政府打击黄、赌、毒或者打击记者，其实是一个道理。 在地方看来，这些都是危害地方国内生产总值的一个因素，因为它危害了营商环境。 但不管怎么说，对于这个"扫黄风暴"我们民众是拍手称赞的。 为什么呢？ 因为黄、赌、毒、黑是连在一起的，是一个硬币的两面，所以有网友说，期待这样的扫黄行动能坚持下去。

郎咸平：这个网友太天真了。

王牧笛：还有个顺口溜，“黄不扫，民难安。 黄不扫，黑难断。 黄不扫，腐难反。 黄不扫，垢难铲。”你看这整个产业链都纠结在一起了，所以这既是一个历史性的难题，也是一个世界性的难题。

郎咸平：我有个数据很有意思，比如说法国，它比较富裕对不对？但只有 3% 的男性光顾妓女，而贫穷的肯尼亚，男性嫖妓的比例高达 13% 。就是说，越贫穷、越嫖妓，越富有、越不嫖妓。

李　银：法国有一点不一样。

郎咸平：它是比较特殊的一个，婚外情极为普遍的。

李　银：对，在法国这个太习以为常了。

郎咸平：而且，以法国为例，它经济繁荣的时候，女人就很容易找一份简单的工作，找到一个“长期饭票”，那她就不需要走到那个行业去。所以这个跟经济发展是有关系的，我们政府一定要从根本上来解决这个问题。

王牧笛：所以说所谓的娱乐场所，或者叫特种的娱乐场所，是跟经济挂钩的。

郎咸平：跟我们之前聊的艺术圈的那些事是一样的，叫“夜总会”经济学。我建议我们各级领导，尤其是公安部门的，学习学习什么叫“夜总会”经济学，搞清楚了以后再来扫黄也来得及，还可以事半功倍。

王牧笛：透过国外的镜像，还有我们中国的历史，我们发现往往是经济萧条的时候，或者是营商环境不好的时候，黄色产业容易滋生起来。台湾最近要学大陆，台湾《联合报》6月3号发文说台湾要拿出决心，学习咱们大陆重庆扫黑和北京打击“天上人间”等声色场所，就没有扫不了的黑、黄现象。

李　银：台湾在历史上有没有对“槟榔妹”采取过一些法律措施?

郎咸平：没有，因为她只是在卖槟榔的时候穿得少一点儿，也没做什么事，她不是妓女，就是跳跳舞、扭扭腰，你买她的槟榔，她亲你一下。这没什么，你怎么扫她呢?你知道“槟榔妹”是怎么来的吗?据我们的资料显示，台湾人喜欢吃槟榔，那个咬一口吐出来像血一样的东西。

李　银：红颜色的。

郎咸平：那是个很可怕的东西。

王牧笛：而且这个东西不能出口。

李　银：对，只有台湾人吃，但是东莞那边也有。

郎咸平：这个玩意儿是台湾中下人，比如开卡车的，他们会吃。

李　银：吃那个提提神。

郎咸平：对，一般人不会吃的。大概是在 1994 年槟榔的价格走低，因为有谣言说槟榔会致癌。然后，为了促销，"槟榔妹"就出来了。其实一开始是双冬香，一对漂亮的姐妹花在外面卖，卖的价钱很高，当时 10 块钱人民币可以买 6、7 个槟榔，但如果由"槟榔妹"来卖的话，一颗槟榔可以卖到 20 块，还是很有市场的，所以各地都拼"槟榔妹"。

王牧笛：就是企业家不干正事，天天声色犬马、天上人间。还不止企业家，还有政府官员，你讲讲荷兰的事。

李　银：恩，特有趣。我 2005 年去荷兰，专门去看了它们的橱窗文化，因为荷兰是一个性产业比较公开，而且比较合法的地方，那里一个橱窗的租金是一天 100 欧元，然后性交易的价格一次是 50 欧元，在那里居然有很多当地的性工作者会讲中文，就六个字，叫"中国人，有发票"。你想一想，一般都是什么人要发票？

王牧笛：这次"扫黄风暴"的范围是从低端的比如站街的，到高端的比如 KTV 或者是私人会所，是要斩断这个链条的一次大的出击。刚刚教授为什么说"台风"会过去呢，是因为这个跟当地公安局长的个人喜好有关。比如说当地公安局长对黄特别恨，他就会扫黄，然后如果换了个公安局长，他说我对黑、赌比较反感，他就会去抓黑、赌，而如果这个公安局长跟当地的黑社会势力有关系，像重庆希尔顿一样，那里部分执法干警是保护希尔顿酒店的，那他就不扫了。所以说当这阵风过去以后，地方保护伞又撑起来了。和台湾的"槟榔女"相似的，还有日本的陪酒女郎，她也是在日本经济不景气的时候产生的。

郎咸平：最近日本经济一直不好，今年东京文化研究所对

1154 名女中学生做了一项调查，问她们最想做什么？在 40 种最受欢迎的职业当中，陪酒小姐是第 12 位，公务员是第 18 位，护士第 22 位，陪酒小姐竟然比公务员和护士更要受欢迎。

M 型社会滋生了特殊群体？

一个女孩如果长得一般的话去富士康打工，只能挣 1000 多块，自己花花就没有多少钱可以寄回家了，可是你去夜总会的话，可不得了，一个“小姐”一个月可以赚一两万，挣两三万的都有。

王牧笛：其实世界各国对于黄色产业大概有几种姿态，一个是刑事化，尤其是伊斯兰国家。

郎咸平：比如伊朗，它是可以一夫多妻的，但是对性交易是绝对不容许的，抓到就判死刑。

王牧笛：巴勒斯坦也是，只要发现私通，就直接判死刑。

郎咸平：对。这就是标准的刑事化。另一个是合法化，比如说北欧，包括你刚才讲的荷兰“红灯区”，还有德国，它们都属于有限度的合法。我们以为合法化就是政府承认这种行为，其实不是这么简单的。你知道它为什么这么做？它是为了打压这个行业，破坏有组织的行为，把它限制在一个区域里面，就是一个“红灯区”，像这些妓女是不能进入家庭区域，不能影响小孩子的。

王牧笛：这样公权力可以监管它。

郎咸平：对，只要你进入到社区、进入到学校，马上逮捕，用刑法处治，这就是另外一个层次的监管。我们常常以为北欧一些国家政府对这种行为是放松，其实不是的，它是透过合法化进行更严格的监管，更能保护社会大众和老百姓。

王牧笛：李敖就有个言论说，正因为北欧放松了对情色的监管，北欧的犯罪率才下降的。 他在北大演讲的时候，当时我在台下。 但我发现这好像不是一个事实，因为根据我们查到的数据，由于它放松了对黄色产业的监管，各种犯罪率包括强奸率，反而是逐年上升的。

郎咸平：举个例子，丹麦的首都哥本哈根，李敖最喜欢谈丹麦对不对？1963 年 173 起，1977 年 280 起，1978 年 484 起，根本没有下降。而所谓犯罪率下降只是因为之前的违法行为现在变得合法了，所以从数据上看开始下降，其实强奸率还在大幅上升，根本没有李敖所说的这些。李敖这个人，坦白地讲，他自己称自己大师，不过我看他这么多著作，我就没有这种感觉。

李　银：至少这个就说得不对。 美国有一个娼妓研究及教育中心，它有个统计说，七成的性工作者认为性交易合法化不能给她们安全感，就是它其实没有起到真正的作用。 所以说，伊斯兰国家采取的刑事化和北欧国家采取的有限度的合法化，都是有问题的。

郎咸平：它们都是为了打压。

王牧笛：对。 而现在我们国家，包括很多东方国家，采取的是道德歧视或者说漠视，就是假装看不到这件事情的存在。 就比如说“扫黄风暴”来了，我们承认社会上有好多这种事情，但是在我们的头脑中，并不把它当作一个问题而存在。

李　银：2003 年，世卫组织有一个统计数字，说中国的性工作者已经超过了 600 万人，这么多年过去了，现在肯定不止这个数了。这 600 万人都是不合法的，那如果她们都失业了，整个社会问题会更严重。所以说，现在的情况是我们既不能够杜绝非法的色情活动，又不能使它合法化。为什么呢？道理其实很简单，因为即使你想使它合法化，这些妓女也不愿意，因为她要登记在册的，要有户籍管理的。

郎咸平：将来怎么嫁人呢？

李　银：美国也只有一个州是合法化的，就是内华达州，其他 38 个州是禁止性交易的。

王牧笛：但媒体给我们的感觉好像是美国有多么开放。

李　银：其实根本就不是这么回事。

王牧笛：美国警官在接受《环球时报》采访时就说，只要是卖淫嫖娼，马上就抓，想都不用想。

李　银：很多人提议，是不是可以像荷兰那样设个“红灯区”。这个事情在香港的深水埔也有过调查，有 64% 的街坊邻居赞成设“红灯区”来管理，但是 90% 的人不愿与之为邻。

王牧笛：我们说的让它合法化，或建立“红灯区”那些国家，它们的问题都很多。一旦从地下转到地上以后，它就可能很快成为某些利益集团操纵的工具。就像我们的出租车行业一样，谁垄断了牌照，谁就有先天的优势。

李　银：对，比如说澳大利亚，它有政府承认的几个妓院，政府发给牌照，因为牌照是有限的，所以彼此之间就产生竞争，那很多拿不到牌照的就只有再转入地下了，所以说问题是很多的。

王牧笛：我们要探讨两个核心问题，第一个是我们的社会心理，到底是怎样滋生出这么庞大的一个"小姐"的群体。第二个是这个"台风季"过去之后，既然是很难根绝的，那我们怎么能够在最大程度上来限制这种危害，尤其是对未成年人的危害，包括疾病的传播、精神的污染。

郎咸平：我来做个回答。首先是为什么有这么多"小姐"存在，而且越来越多？根据北京妇联调查报告显示，从事这种职业的，49.4%的文化程度是初中以下，62.1%的来自于农村，79.8%的是农民或者无业人员。透过这个数据，我们发现这些人基本都属于社会的最弱势群体。其实这就是由"夜总会"经济学里面的供给跟需求造成的，你晓得中国目前是什么情况吗？我这里有组数字，关于最高收入与最低收入群体的差异，西方国家是5倍到6倍，我们高达10倍，我们有70%的家庭年收入是3万元以下，非常贫穷的。那如果没有足够的经济基础怎么办？自然就会有人从事妓女这种职业，她没有别的办法，她只有往这方面走，然后就有了源源不断的供应。其实我们也做了一个调查，某地方大桥下面就有很多妓女，你晓得多少钱吗？80块一次！甚至有些妓女说50块，都蛮惨的，所以说这个已经不是虚荣的问题了，而是为了求生存，只有出卖自己的身体。需求呢，我们的富有阶级是怎么富有的？不是勤劳致富，很多人富有是和利益集团挂钩的结果。

李　银：特权阶级。

郎咸平：与特权阶级挂钩的结果是你富有了，那为了继续保有你的财富，你必须继续挂钩、继续进贡，所以你就会对这种夜总会有需求，而且你钱赚得越多，需求就越大。好了，你看，供给也上升了，需求也上升了，然后就是我们现在正在做的，全国性的打黄。

王牧笛：现在还有一个所谓的社会文化，就是"笑贫不笑娼"。一个"小姐"赚了点钱，回到农村就可以给她的父母盖房子。

郎咸平：你晓得，一个女孩如果长得一般的话去富士康打工，只能挣 1000 多块，自己花花就没有多少钱可以寄回家了，可是你去夜总会的话，可不得了，一个"小姐"一个月可以赚一两万，挣两三万的都有。

李　银：有部电影叫《榴莲飘飘》，讲的就是在香港从事这个行业的女人回到东北盖房子的事情。

郎咸平：是啊。还有一个现象比较可怕，就是像这种妓女现象什么时候最明显？是 M 型社会形成的时候。

王牧笛：就是中产阶级的缺失。

郎咸平：什么叫 M 型社会，就是中产阶级大量消失，小部分人变成非常有钱的人，大部分人变成非常贫穷的人。

李　银：贫富差距越来越大。

郎咸平：你看，有钱人是一部分，贫穷人是一部分，中间中产阶级变得最少，这就产生了非常严重的妓女现象。那么中国目前的情况是我们大部分老百姓都成为中下阶层。这样子，我问几个问题，你自己判断自己是不是中产阶级。第一，房贷给你造成很大的压力吗，或者你根本就不敢买房子？第二，你打算生儿育女吗，或者你连结婚都不敢？第三，孩子未来的教育费用让你忧心忡忡吗？比如说他去美国留学，一年的学费加上生活费要 6 万美金，你忧心忡忡吗？我提出的这三点，只要你对其中一点感到忧心忡忡的话，那就代表你已经不是中产阶级了。我相信在这个问题上我们会比日本还严重，日本 80% 的老百姓都是 M 型社会里的中下阶层，真正的有钱人不到 10% 。至于我们，虽然我没有数据，但我相信我们绝大部分人都至少有一个问题是忧心忡忡的，比如说房贷问题，起码有 99% 的老百姓是很担忧的。

我们这个 M 型社会，巨富是怎么得到财富的？靠不法手段与利益集团挂钩致富的人占了其中很大一部分，所以最后的结果是什么呢，就是最富有的阶级透过权力的寻租跟利益集团挂钩，这些人就成了色情行业最大的需求方。这是目前的现状。

李　银：很多人说妓女危害了社会，可是大家没有想到是社会的危害造就了妓女。

王牧笛：就是说妓女本身也是受害者，而且她是因为遭受了几重困境才走上了这条路的，包括刚才说的城乡二元对立、农村教育投资不足、农村就业不畅，还有社会黑暗势力联合挤压。

郎咸平：这个受害者一旦被抓到，还要被我们的警方拉去游街示众。

王牧笛：在马来西亚，一旦妓女和嫖客的行为被曝光，警方就让嫖客做检举证人，让他来检举这件事，检举完之后就可以放心地让老婆领回家去了，什么事都没有了，这是马来西亚干的事。

郎咸平：我们是不行的，不能让老婆领回家，那更麻烦。

王牧笛：就是这样一个社会结构造成了一个黄色产业链。

郎咸平：所以说，一个社会只要进入M型社会，那这种妓女现象就开始泛滥，这也是M型社会的通病。政府执政的目的是什么？要藏富于民，要让老百姓更富裕，要让贫穷的人口慢慢过渡到中产阶级，让M型社会消失，这样社会就会变得和谐了。如果生活还过得去，谁还想做妓女？而一旦形成M型社会，就成了M的左边嫖M的右边，就变成这样子。

扫黄背后的动机

我们从历史维度看会发现这几个阶段的扫黄有不同的动力驱使，新中国刚建立的时候，是为了解放妇女，让她当家做主，包括壮大中产阶级。到了 80 年代，这种思想慢慢淡化，开始干嘛呢，罚款、创收。走到今天，变成了社会关注度，你媒体曝一曝，领导就批示扫一扫。

王牧笛：关于 M 型社会，日本学者还有一个别的解释。 有本书叫《下流社会》，下流有两层意思，一层是整个民众的社会地位，包括财力，都往下流；还有一层就是黄色产业的泛滥。

但问题是根治这种危害是需要很长时间的，它是一个系统工程。 而我们刚才说有限度地消解这种危害，在这方面一些西方国家就做得不错，包括美国。

郎咸平：**关于美国我们也做了很多研究，它是源头疏导与严刑峻法相结合，但美国不是 M 型社会，因为它有庞大的中产阶级，所以它可以用源头疏导的办法，也可以用严刑峻法。什么叫严刑峻法呢？我举个例子，美国弗吉尼亚州有一名男子用州政府办事处的电脑，就是用公家的电脑下载了 20 张日本的色情漫画，被判了 20 年。那怎样疏导呢？就是从源头上解决问题，什么样的人会当妓女？通常源于社会问题，比如说家庭出了问题的，或者过于贫穷的这些人。**

王牧笛：还有一帮后现代的人，放纵身体的人。

李　银：那些算是例外，是自我选择。

郎咸平：**对，通常是因为家庭出了问题，才会产生一大批性的从业者，美国有84.5万名社会工作者，他们的工作就是到各个社区去，从根本上帮助解决你的家庭困难。**

李　银：比如说婚姻辅导、子女辅导之类的。

王牧笛：就是社工这个概念。

郎咸平：**社工概念，这个我们是没有的，我们只有街道管理委员会，他们更喜欢做所谓计划生育方面的工作。由于美国是一个藏富于民的社会，它有庞大的中产阶级，所以可以用这两种方法来解决问题，可是日本做不到，中国更做不到。**

王牧笛：但是像日本这种M型社会，因为色情业太发达了，它已经成为一个支柱型的产业，已经开始绑架整个GDP了。美国的财经作家就调侃说，只要日本的色情业不倒，那日本50年内就不会再发生大的经济危机了。

李　银：因为它的产业链已经很完整了，比如说开一个居酒屋，那它需要租赁、装修，带动了建材的销售。然后要招聘服务人员，这提供就业机会。客人来这边解闷，就需要消费，这又带动了酒、食品之类的消费，同时还避免了产生更大的社会问题。还有，这些地方还有可能造就一些潜在的明星，他们这个行业太发达了，很多人去那儿从事那个行业，她们不觉得很羞耻。

郎咸平：**我们也不觉得羞耻。**

李　银：我们是嫖的人不觉得羞耻。

郎咸平：**主要是我们的耻文化造成的。**

王牧笛：所以出现了一个问题，就是当“扫黄风暴”过去之后，对这么庞大的一个群体，我们如何进行心理援助和经济援助？

李　银：1949 年刚建国的时候，北京市政府开始彻底清除当地的娼妓，用的什么办法呢，首先是从思想上进行教导。

王牧笛：让这些旧社会的妓女到工厂去做女工，这是一个改造的方式。

李　银：对，提供就业环境。 而且当时是把她们视为被迫害的一群人，没有歧视，都是同情。 如今人们会同情妓女吗？ 我想应该没有这样的想法了。

郎咸平：**而且当时对这些妓女进行改造，让她们去工厂做女工，目的是什么？我们刚刚解放那几年，中国社会是不断发展、不断富裕的，因此需要这些人成为生力军，成为劳动力，所以当时是属于天时地利人和。因此，对于 M 型社会来讲，只要中产阶级慢慢壮大，老百姓富裕了，那这个色情产业就会自然消失。**

王牧笛：我们从历史维度看会发现这几个阶段的扫黄有不同的动力驱使，新中国刚建立的时候，是为了解放妇女，让她当家做主，包括壮大中产阶级。 到了 80 年代，这种思想慢慢淡化，开始干嘛呢，罚款。

李　银：对，创收。

王牧笛：走到今天，这个动力是什么？ 变成了社会关注度，你媒体曝一曝，领导就批示扫一扫。 这次“扫黄风暴”之下，各个媒体的记者都在做深度报道，他们采访了好多黄色产业链的从业者，他们深入了解到她们内心后也有一种同情之理解，温情之敬意。 她们是不受尊重的一批人，就好像《旺角黑夜》里张柏芝演的那个妓女的最后一句话，香港为什么被称作香港？ 记者在采访这些妓女的时候，她们也很真诚地向记者透露说，一旦“扫黄风暴”过去以后，我们怎么办呢？ 刚才我们谈到了知耻，其实“耻”这个字是个通假，古语解释为“止”，停止的“止”，所以我们应该做的一方面是知耻，另一方面是停止，停止这个社会向所谓下流社会发展，所谓M型社会的只是一个过渡，这是很重要的一点，这可能是治本的。

郎咸平：**就是我一直在讲的，我们希望政府整个政策推动的重心不再是每一年10%的GDP增长，这个我看着特讨厌，而是如何让老百姓更富裕。因此各级政府目前执政的目标应该是让老百姓都有房住，都有钱花，把这个问题基本上解决了，M型社会就会慢慢缓解，然后大量的人口就可以回去就业，妓女问题自然也就解决了，我们就不用再扫黄了。**

第十二章

艺术品的大泡沫

只买贵的，不买对的？

为什么我们艺术品市场的价格这么高呢，就是因为很多人完全不知道市场，所以无法真正去评估，而且我们都不太会选，基本是哪个贵选哪个，所以说在中国红酒可以卖到几万块钱，我在美国从来没听过这种事，红酒能卖到二三十块美金已经了不起了。因此我们喝高价红酒，跟买高价艺术品的水平是一样的。

（嘉宾介绍：骆新，著名评论员）

王牧笛：郎教授、骆老师，有观众批评咱们，说咱们不指导大家理财。今天我们要指导一下，我这儿给大家念一句话，说当下的中国金融证券业的平均投资回报率是15%，房地产业是21%，艺术品收藏投资的回报率为30%以上。现在艺术品收藏成为一个投资的捷径，就是说现在继中国房地产泡沫之后，又一个大泡泡吹起来了。你看现在的新闻每天都在报道拍卖会，还拍卖出了天价的古玩字画。教授有这方面的兴趣吗？

郎咸平：我没这个水平。我发现我现在是走投无路，股市半死不活，楼市政府积极打压，艺术品我又不懂，也不敢往银行存钱。

王牧笛：手拿现金。

郎咸平：手拿现金的话，通货膨胀那么严重。统计局说百分

之三点几，那我是不信的，我认为高得多得多，所以说我现在走投无路。对于这个艺术品市场，我想跟各位讲的是，其实也没什么实惠，因为大部分人是不懂的。

王牧笛：我们不建议投资艺术品市场，但是我们可以探讨一下艺术品泡沫的由来。

郎咸平：当然。

王牧笛：金融危机之下，现在欧美各行各业都很萧条，包括艺术品行业。但是中国很奇怪的，奢侈品、艺术品，尤其是这些古玩字画打着滚地往上翻，而且是到了天价的程度。我这儿有一组数据，最近两年中国的艺术品拍出的价格，张大千的晚年作品《爱痕湖》，1.008 亿；黄庭坚的书法《砥柱铭》，3.9 亿；明代吴斌的《十八应真图卷》，1.69 亿；曾巩的《局事帖》，1.08 亿。全都是上亿的价格。

骆　新：都是谁买走的？你能够查到这个底单吗？这是我们很关心的。

郎咸平：不知道。

王牧笛：很多是匿名买家，有迹可查的是一些经常游走于拍卖行的，几乎都是那些煤老板和温州的商人。

郎咸平：又是温州的商人，反正跟炒有关的，大概都有他们的身影。

骆　新：我对艺术品不是特别熟，关键是咱们没钱。

郎咸平：我也没钱搞这个玩意儿，几亿买一幅画！算了，不靠谱。

骆　新：据我所知，艺术品市场其实分两个市场，一个叫做一级市场，一个叫二级市场。一级市场是由谁构成的呢，一般是专业的藏家，就是真懂的那些人，他往往采取的方式是先找一个艺术家，然后独家代理这个艺术家的作品，当然这是指现代艺术，不包括古玩。比如我找到郎咸平画家，我认为你有潜力，那你画的一幅特别好的画，我先用一个相对合理的价格买过来，比如说你还没出名，那我给你 5000 块钱。当然，他会先找几个人询一个价。

郎咸平：就是对敲一下的意思。

骆　新：基本上是这样。

郎咸平：跟股票差不多。

骆　新：一样。然后他就上二级市场。一级市场都在画廊里进行交易，二级市场就可能去拍卖了。

郎咸平：这个古玩、艺术品本身的炒作方法，其实是和大蒜、股票是一样的，不透过对敲是不可能的。民生银行不是搞了个基金吗，回报率在 18% 以下的话，全部归于投资人，18% 以上就各分一半。艺术品也是这种操作方法，就是找个有潜力的艺术家，先花 5000 块钱把这个艺术家的画买过来，然后我拿去卖，卖掉的话，这个利润就按照我刚刚讲这种比例分掉。这个钱放在一个保管账户里面，是拿不走的。如果三个月时间还卖不掉的话，我就把这个钱收回来，然后把画还你。这对于投资人而言是很有价值的。

王牧笛：现在很多银行，包括招商银行、华夏银行都在干这种事。

骆　新：但是如果说连张大千的画都能卖出1点几个亿，我们就不得不考虑这个钱是从哪儿来的了。 其实真正懂得艺术的人不多，就像牧笛说的，基本上是煤老板，你问他这幅画是谁的，他都不知道，他首先问值多少钱，有没有增值的潜力。

郎咸平：这和1980年代的日本人是一样的，只要是真品，钱不是问题。

骆　新：对，钱不是问题。

王牧笛：但问题是当时日本人买了好多事后证明是赝品的，这是比较关键的。

郎咸平：赝品他都不在乎。在日本严重泡沫时代产生了艺术品泡沫。

王牧笛：我们之前说房奴、车奴，甚至咱们聊天价墓地的时候说产生了墓奴。 日本其实也创造了一个新鲜的词汇——画奴，当时日本的很多企业家，包括那些富二代向欧美的几个大拍卖行高价买得这些字画，包括梵高的几幅名作，后来都以低得可怜的价格卖出去了。

郎咸平：以半价或者五分之一的价格再卖回给欧洲收藏家。

王牧笛：所以说很多人都知道日本有房地产泡沫的刺破，但都不太了解日本有艺术品泡沫的刺破。

郎咸平：所以这个事情我要格外提醒各位，什么事情只要产生泡沫化的话，就是不合理的。欧美现在非常萧条，包括它的

房地产、艺术品，这就正常了。那么中国现在的房地产火爆、艺术品火爆，这就非常可怕了。你知道为什么吗？其实从我一个学者的角度来看，我认为欧美的经济是有救的。道理很简单，欧美的房地产市场、艺术品市场为什么萧条？因为没有资金来源，资金都在哪呢？制造业继续留在制造业，服务业继续留在服务业，只是没再投资，那这些资本在干嘛呢？在等机会，等到经济起来之后再投资。因此美国的制造业、服务业会继续发达。中国就不一样了，中国的地产跟艺术品为什么发达？是因为资金从我们的制造业、服务业里流出来了，从而去炒股、炒楼、炒艺术品，所以你看这些火爆的时候，不要以为我们中国经济非常好、非常亮丽，不是的，相反，艺术品、楼市的火爆所象征的正是我们的制造业、服务业在相对衰退。那我请问，中国未来怎么办？

王牧笛：现在还有一个稍微好一点的消息，这个收藏品有“地域限制”，欧美人就抱怨说中国这些老板们不认欧美的藏品，他不会把钱输到国外去。 那些温州的商人、山西的煤老板更多地是关注中国古代的古玩字画。

郎咸平：比如说上个月，上海的艺博会里有一个法国雕塑大家罗丹的作品，叫《加莱义民》，400 万元没人买。

王牧笛：所以说梵高当年在日本财团那里受到的追捧是不会发生在中国的，中国追捧的是黄庭坚、王羲之这些人。

骆　新：相比之下，黄庭坚跟王羲之作品的品相确实好，而且它收藏的价值确实很高，它的时间更长，比梵高的时间要长。

郎咸平：如果是真的话，那就没有问题。而且你向这几个大

的拍卖行买还有保障，如果你买到假的，它会赔你钱。

王牧笛：由于这种泡沫的梦想的刺激，央视的《鉴宝》节目就火了，走到哪里都火得不得了。

骆　新：咱们也可以换一种思路，就是中国的煤老板和温州的商人，就是这些炒艺术品的人爱国，他们愿意出那么高的价钱买中国的字画，说不定反而使得西方人发现，中国的这些东西才是最值钱的。

郎咸平：现在很多国外的画廊也到中国做展示，希望能够卖出好价钱，不过目前情况不是太好。

王牧笛：基本是无人问津。 反而是这些各式各样的民间的藏品开始涌现出来。

骆　新：一种是郎教授说的，泡沫化本身会导致艺术品价格抬高。 我个人理解，还有一种是说，艺术品投资价格高在很大程度上是人们对艺术品真正的认识度不够，完全属于盲目阶段。

西方喜欢搞艺术品收藏，是因为相对来讲它的一些艺术教育比较好。 我举个例子，钱学森的母校加州理工大学在招生的时候就会考虑学生的艺术修养，它就希望它招的学生中有50%以上的人会一门音乐，因为它认为喜欢音乐的人会合作。 所以西方就有这种艺术传统，那他就比较懂得鉴赏美，而且欧洲人说懂那就是懂，不懂就是不懂。 我们中国大部分都是“土包子”，基本什么也不懂，但他还装懂。

郎咸平：你还别说，这个还好呢，我们喝酒更有意思，比如说喝白兰地，欧美人一般会拿那个大肚杯，然后倒上薄薄的一

层，用手掌心温着它，温个5分钟之后闻一下。

骆　新：这叫享受。

郎咸平：我们倒满之后就说干杯、干杯，“哐”一下就喝下去了，跟买艺术品是一样的。

骆　新：没错，所以说为什么我们艺术品市场的价格这么高呢，就是因为有这样的人，他完全不知道市场，所以无法真正去评估。

郎咸平：他根本就没有品位，就像不会品味白兰地是一样。而且我们都不太会选，基本是哪个贵选哪个，所以说在中国红酒可以卖到几万块钱，我在美国从来没听过这种事，红酒能卖到二三十块美金已经了不起了。因此你看，我们喝高价红酒，跟买高价艺术品的水平是一样的。

骆　新：只买贵的不买对的。

艺术品投资靠谱吗

现在有很多人认为中国还没有到泡沫期，觉得现在还是一个高度的成长期，现在买了艺术品以后，可以转手卖出去，就是说至少可以把这个烫手山芋再传给下一个人，这个就是击鼓传花，看最后鼓停的那一刻落在谁手里。

王牧笛：我记得当时冯小刚想拍一个贺岁剧《贵族》，后来没拍成，当时想请姜文和葛优来演，就演贵族，这个所谓贵族买了松露，然后用辣椒酱拌着吃。还有个前车之鉴，就是日本泡沫的时候，日本金融界巨子高桥治宪的一个遭遇，他当时斥资了几千万美元购得了德国现代艺术大师基弗的 11 幅作品，结果作品还没送到他办公室呢，他的公司已经倒闭了，这 11 幅作品还没拆封就被银行廉价收购走了。现在有很多人认为中国还没有到泡沫期，觉得现在还是一个高度的成长期，现在我买了艺术品以后，可以转手卖出去，就是说我至少可以把这个烫手山芋再传给下一个人，这个就是击鼓传花，看最后鼓停的那一刻落在谁手里。

郎咸平：这些大老板们只知道买艺术品、买房产，他也不想干点别的，在他们眼里好像也没有什么可干的。这其实是非常危险的。

王牧笛：这里面就涉及估价的问题，你说房地产，无论它再怎么升或者降，它都有一个基本的估价，起码有使用价值对不对？艺术品的估价就格外困难，它的价位可能升得很高也可能降得很低，尤其现在是一个所谓的后现代艺术时代，人们对艺术的理解更有问题。我有个老师是研究后现代艺术的，他在德国拿了一个艺术的大奖，作品就是后现代艺术的一个展览，一个粉笔盒放在那里，这就是艺术。还有比如说给你一个画布，白颜色的画布，然后说这是一幅画。或者说让你从现在开始，过 4 分 33 秒后，说你刚才听了一首音乐叫 4 分 33 秒，这也是后现代艺术，当然这些都没有获奖，唯一的大奖给了我这个老师，北大的朱青生，他在进门的门把手上写了一个小标语，写的是“这个屋里所有的藏品都不是朱青生的”，就是这一个纸条获得了德国后现代艺术的大奖。这就是我们现在对艺术的理解。

郎咸平：真的？这可以卖钱吗？

骆　新：我也很关心这个，它能卖钱吗？

郎咸平：我们俩都比较俗气。

王牧笛：这个老师很牛的，他给他儿子起名叫朱元璋。所以说你看现在搞艺术的人，包括在北京 798 工厂里面做艺术的那些人，透过这样一种景象，你会发现人们对艺术的理解发生了很大的变迁，艺术品估价的整个体系非常混乱，导致现在的艺术品交易市场里乱象丛生。

骆　新：也不一定说是一件坏事，可能我们现在所处的阶段是交学费期，或者说是成长期。现在这种多元化的情况可能正是一个市场要重新进行盘整，但关键是有人可能会折在里面，到最后可能有人就看明白了，这东西根本不值钱。艺术品泡沫的出现，可能是因为我们以前太穷了，那会儿什么都不敢买，只要能解决温饱就可以，现在中国经过三十年的高速发展，老百姓生活好起来了，中国人均国内生产总值刚刚达到四五千美元，它就需要一种释放，我觉得艺术品热倒也符合中国的现在状况，你想啊，如果说房子你有了，车子你有了，又没有其他的东西可以买，那你干嘛呢？ 可能你就要进行一种文化的消费。

郎咸平：你有没有想过，这个钱如果投入到实体经济，对国家的贡献更大，就像欧美现在一样。但他没有做这样的选择。

骆　新：郎教授，我知道您的观点，您一直在说，我们有大量的钱，但没有投到真正能够拉动经济的环节中。 我们现在是什么东西都要炒。

郎咸平：对，所以现在我们很难找到一个企业家能够静下心，好好做上五年、十年的研发，开发出产品之后再去市场销售，这种人已经找不到了。那种能够做快速消费品的，就是能现买现卖的人已经算是好企业家了，最可怕的是像温州这些企业家，连做都不愿意做了。

王牧笛：我们还有一个担心，就是一旦艺术品收藏这个泡泡越吹越大，涌入的国外藏品越来越多的时候，我们会有资本输出之嫌。

郎咸平：当然。

王牧笛：比如说日本，日本的画商做了一个估计，日本当年 50 亿美元购入的画作，现在只能卖到 14 亿美元，从 50 亿到 14 亿，亏了这么多钱。

郎咸平：**差不多亏了 70% 还多。**

王牧笛：回到我们开始说的问题——理财，艺术品看似是一个理财的捷径，其实是不靠谱的，我们有日本这个前车之鉴，英国的《每月电讯报》曾经针对日本的艺术品泡沫做了一个评论，它说日本人终于痛苦地看到当年趾高气扬用天价从西方买回去的世界名画，大部分以远低于原价的价格重新回到西方收藏家的手里。等于说转了一个圈，钱都被西方人赚走了。

现在中国还有一个特殊情况，就是中国近十年来国内的现代艺术品，也就是现、当代艺术作品的价格非常高，曾经有一段时间，我们买明清时代的画的价格远远比不上现、当代艺术家的画，比如说现在还很活跃的一个画家刘晓东，他有一幅《三峡》，一下子就卖了 2000 多万。

郎咸平：**对，像清朝中期的瓷器，它的价格都很低，甚至几百块的都有。**

骆　新：但是清代的瓷器在中国的价格跟在西方的价格基本是一样的，这就正常，收藏家都认为它的价格是合理的，没有泡沫，那这个东西就可以以差不多的价格到处流通，因为这是它的真实价值。但是中国现当代艺术也有一个非常之特别的情况，就是它在国内被炒的价格极高，但是你拿去西方拍卖的话，西方并不认这个价格。

郎咸平：**为什么会炒这么高呢？**

骆　新：我个人认为，这个还是跟我们整个社会的浮躁心理有关，人们都是想能捞多少捞多少。

郎咸平：就想走捷径。

骆　新：对。我认为这个艺术品收藏跟成功学有很大的关联，比如说我到什么地方发现一个东西，我100块钱买来的，然后我转手就卖了10000块钱，那大家就会说这个人太伟大了，太厉害了。

郎咸平：我们不会批评这个人，反而会认为他伟大。我上次在飞机上碰到一个德国的企业家，他家四代都做装订书的那个订书针的针头，就那个玩意儿他们研究了上百年，这在我们来看，不就是一个"傻冒"吗？为什么不想办法赶快上市呢，那样不就可以圈笔钱了吗？圈了钱买个房产，买个艺术品不好吗？德国人根本不这样想，他就是兢兢业业地做他该做的事，这种人在我们中国叫做傻冒，在德国就是德国的民族精神、企业精神。我到德国的博物馆去看，发现那里很多地方摆放的都是机械，比如水泵，摆了几百个水泵，德国人在看水泵的时候是真的看，而不是走马观花，他真是在研究，德国就是这样一个民族，脚踏实地的民族。我们不一样。

王牧笛：我们的博物院里基本都是瓷瓶和书画。

骆　新：还有一个，就是我们的造假技术很发达，这些赝品也导致真品的价格不断上升，当人们认为假货都能卖出天价的时候，那人们的心理预期就会增加，人们就会认为一个真品应该值这么多钱，因为只有这个价格才能保证它不是假的，中国人会有这样的心态。比如说一个假货，如果他卖了几万块钱，那这个卖1亿元的一定是真品，他可能不一定是为了炒，而是因为这种强烈的焦虑感变相地成了炒作的一个重要因素。

王牧笛：再加上有各种基金在炒作，你看，这么脆弱的一个艺术品市场，现在全球有超过 50 家主流银行已经开始建立艺术品投资基金，我们中国这边的民生银行、招商银行、建设银行、华夏典当行都推出了各种艺术典当金融服务。有消息说最近一段时间，有 1000 亿的热钱流入中国艺术品市场，开始炒作，各地的拍卖会都开始风起云涌。当年日本人一提起索斯比、佳士得这两大拍卖行就担惊受怕，太多人因为这个倾家荡产，那个梦魇至今还挥之不去。现在中国人对拍卖行有一个情怀，如果有谁能在拍卖行工作，是很风光的事情。

日本之殇，我们应自省

很多日本人在死的时候留遗言给自己的儿子，告诫他们一辈子不要相信两种人，一种是拍卖公司的，另一个是银行家，因为从一开始他们就是同伙。

郎咸平：你有没有注意到一个现象，就是现在对于房地产的泡沫，政府在严厉打压，但是对于艺术品的泡沫，我们没看到政府有所打压。

骆　新：因为房地产关系到千家万户，我们要居者有其屋，安居才能够乐业，如果涨得太高就可能对整个国民经济产生影响。但艺术品跟奢侈品有点像，奢侈品属于消费品，艺术品可以看成是一个投资品。可能政府认为，投资这些东西，倒霉也就算自个儿倒霉。

王牧笛：我们就乐呵呵地看着你疯狂。

郎咸平：对，我们还可以因此做一期节目。我看过一本书，书上讲当时的日本这么疯狂，连上帝都摇头叹气，这个民族怎么了？

王牧笛：还有很多日本人在死的时候留遗言给自己的儿子，告诫他们一辈子不要相信两种人，一种是拍卖公司的，另一个是银行家，因为从一开始他们就是同伙。

郎咸平：而且这还不是第一次，在 17、18 世纪，欧洲发生了金融危机，法国就把银行关掉了，关了 150 年，因为银行最坏，理解我的意思吧？

骆　新：在操作上，中国确实要向日本学习，日本对于这些拍卖公司有一整套的监管机制，所以日本的拍卖公司必须考虑你卖的是真的还是假的。 而中国是从订货开始到估价，再到最后的拍卖，这整个过程都是拍卖公司自个儿来做的，就是说它既是买家也是卖家，所以中国拍卖公司在里面特别容易做假，他为了要卖一个东西，就是炒。

郎咸平：对敲，跟股票市场一样。

骆　新：对，完全就是坐个庄。 关键是我们没有任何机构去监管这些拍卖公司，所以中国有很多拍卖公司都存在巨大的问题，它们会卖赝品的，这可能也是导致艺术品价格虚高的一个原因。

王牧笛：咱们聊的各种炒，炒蒜、炒姜、炒房、炒艺术品，造成了泡沫，这背后的原因其实都在于货币泛滥的泡沫导致了各个泡沫。

郎咸平：如果只是货币泡沫的话还好，当时日本就是这个问题，日本大幅降低利率的结果，就使得很多人向银行借钱去炒楼、炒股、炒艺术品，造成了泡沫现象，这个泡沫爆破之后，日本陷入长期萧条对不对？可是你要晓得日本工业的元气并没有受到损害，它的整个创造力、创新力是没有受到伤害的。因

此泡沫破灭之后，你发现索尼还是索尼，松下还是松下，他们一样生产最好的产品。那我请问你，中国的钱从哪里来的？是从实体经济中流出来的。

骆　新：走向虚拟经济。

郎咸平：对，因此中国的问题会比日本的问题严重得多得多，因为不管怎么讲，当时日本的工业基础是稳健的，日本的企业还是很强的，他们对实体经济的信念是没有改变的。所以在日本经济崩盘之后，丰田汽车、索尼这些数一数二的日本企业还是执世界之牛耳，这个话应该是不过分对不对？那我问你，我们中国哪个企业是执世界之牛耳的？

骆　新：有，中石油、中石化，这些靠卖资源的。

郎咸平：所以你看我们中国的工业基础和日本比，差了很多对不对？问题是即使这样，竟然还有大量的钱流出去炒艺术品、炒房子。各位你有没有想到说，日本的泡沫是一个货币的问题，是货币发太多了，大量的人向银行借钱跑去炒这些东西，造成了泡沫。我们的问题不是这么简单的，我们除了大量借钱炒这些东西，造成泡沫之外，还有制造业的危机。温州企业家都忙着去炒这些东西了。温州是什么地方？是制造业大基地，制造业之王牌，现在呢，企业都不做了，几十年的制造业积累都没了，这太可怕了。很多企业是以制造业为幌子，撑一个店面，实际上干的是什么呢，是跟泡沫有关的事情，当然最重要的还不是艺术品，而是房地产。有一些不炒楼的，干脆就自己做开发商，然后拿房地产泡沫赚的钱贴补制造业。好，那我再问你，这些硕果仅存的制造业还靠着房地产泡沫来贴补，那如果房地产跟艺术品泡沫爆破了怎么办呢？

骆　新：但如果我们只是拿宏观经济的方式来分析这个问题，或者我们用道德的方式来呼唤更多的人去从事制造业，我觉得这是很无力的。

郎咸平：不，它是一个很现实的情况，人家为什么不做制造业？因为它不赚钱。比如 iPad 卖 300 美金，但我们只拿 4 块美金，为什么只拿这么一点小钱？因为定价权不是我们的，我们只是帮他苹果代工生产，给它打工，根本就不赚钱。此外，投资营商环境恶化，还有汇率的问题，这些都给企业家带来太大的压力。

王牧笛：这些实业家转身之后的出手往往很阔绰，比如说买楼，他们往往是以单元为单位地买，买收藏品包括国宝级的藏品都是几件甚至数十件一气就买下来了。

骆　新：它的利润远远超过做制造业的利润。

郎咸平：对，你想想看，百分之一二的利润谁想做？炒房子，炒艺术品多来劲啊，一下子 100% 的回报率就来了。比如那个乾隆玉玺，2007 年卖 4000 多万港币，今年就卖 9000 多万港币，两年翻一番。你说做制造业哪有这种利润？没有的。

骆　新：我们的上市公司在一定程度上也有点像炒艺术品的心态，你看，现在所有人都认为上市就是为了圈钱。

郎咸平：问题是拿了钱干什么呢？我们发现它不是在做投资企业，而是去做地产、买楼、炒艺术品，殊途同归，这太有意思了。

王牧笛：其实作为股市来讲，创立的初衷，包括创业板，是为了吸纳更多的资金来发展你的企业。

郎咸平：结果刚好不是。

王牧笛：某种程度上讲，创业板跟艺术圈也是殊途同归，都是一个道理，都是炒一个概念。

郎咸平：对，都是一样。2010 年是个什么时代？是“炒的时代”，就像我们节目里讲的炒绿豆、大蒜，炒房地产、股票，都一个道理。

王牧笛：赵本山饰演的那个代表中国农民兄弟形象的农民，都知道下蛋公鸡可以炒两万元钱。

郎咸平：就是。而且赵本山的本山传媒，现在有人建议他去上市，这太有意思了。

王牧笛：所以说我们今天虽然指了一个理财的路子，但观众还是要批评我们的，因为我们指了一个不靠谱的路子。

郎咸平：马未都同志讲的一句话很有意思，他说艺术品作为人生的消费，是顶级的消费品。如果作为投资的话，是顶级的风险。

王牧笛：高风险的投资品。